# 第一單元：點　法

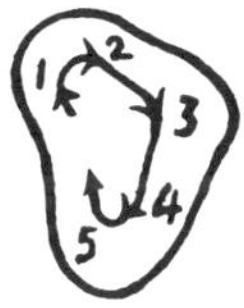


上點運筆動作圖

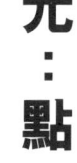

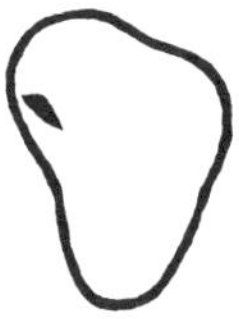

①藏鋒落筆

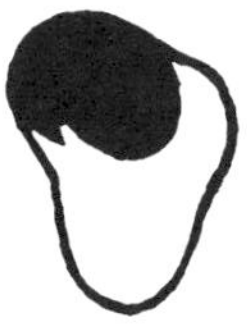

②轉鋒向上

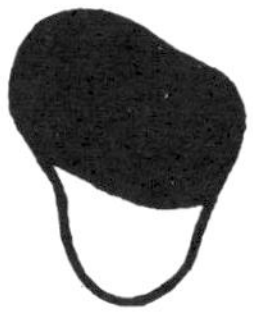

③轉筆向右

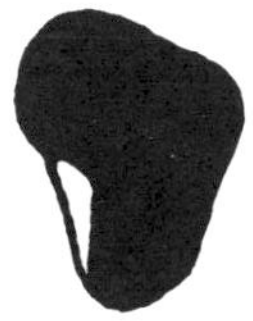

④行筆向下

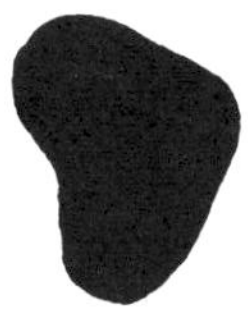

⑤迴鋒收筆

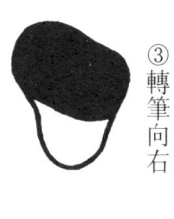

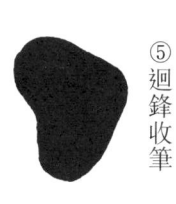

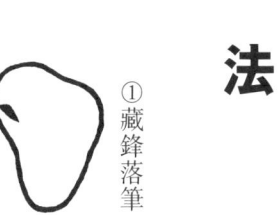

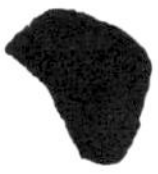
上點（杏仁點）

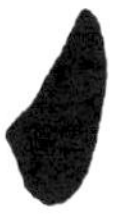
下點

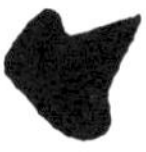
左點（挑點）

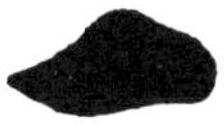
右點（平點）

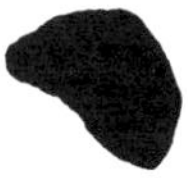
左上點

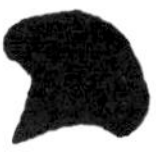
右上點

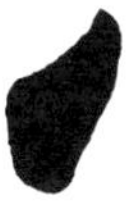
左下點

右下點（鼠矢）

上點（杏仁點）

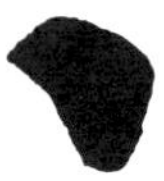

下點

唐夜宇宣

果京崇景

左點（挑點）

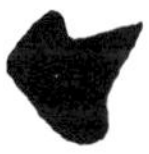

右點（平點）

心　思　息　念

福　禪　祖　祇

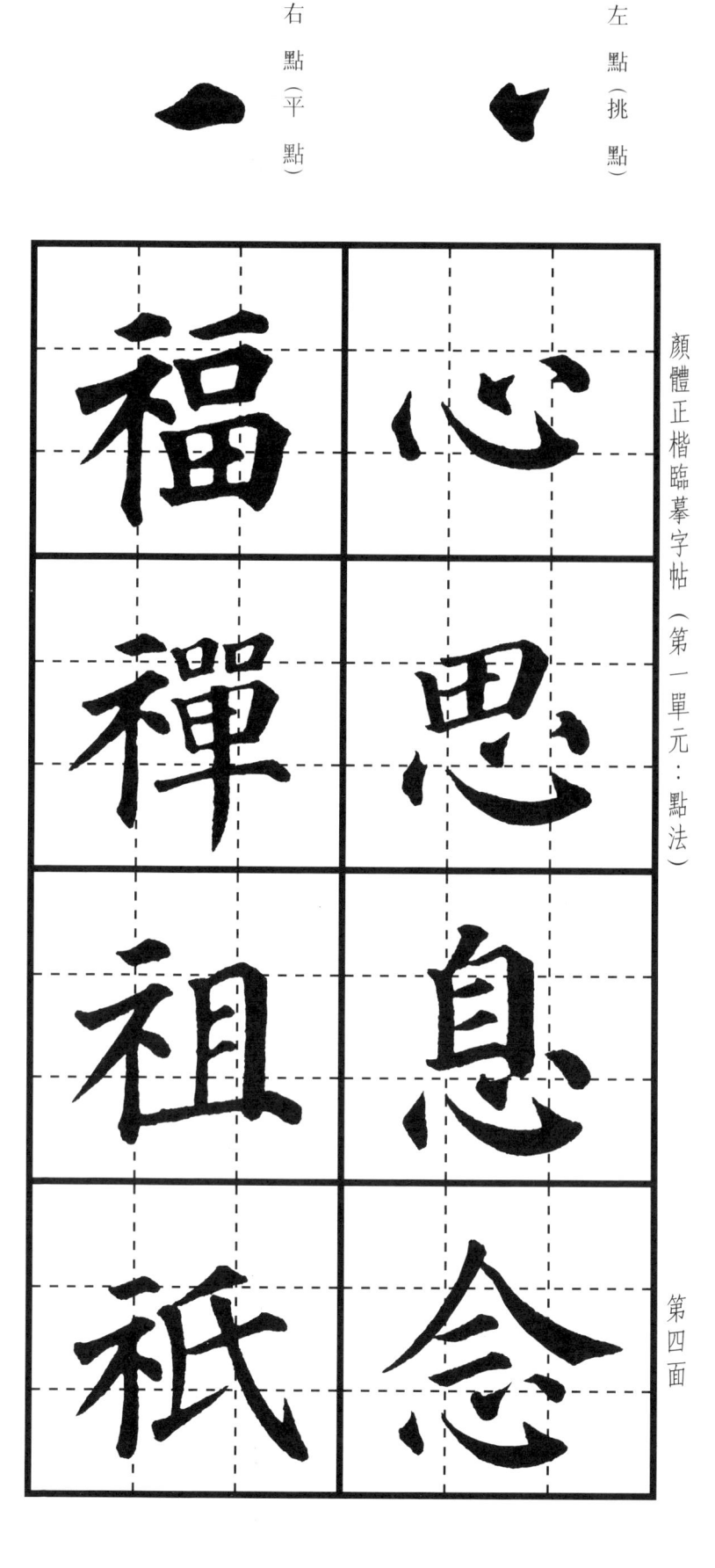

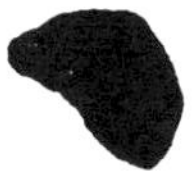
左上點

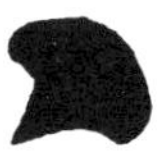
右上點

| | |
|---|---|
| 受 | 欻 |
| 孚 | 勞 |
| 嗟 | 螢 |
| 塔 | 瑩 |

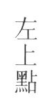

左下點

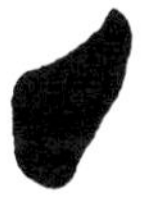

右下點（鼠　矢）

| | |
|---|---|
| 無 | 六 |
| 照 | 示 |
| 然 | 尔 |
| 無 | 不 |

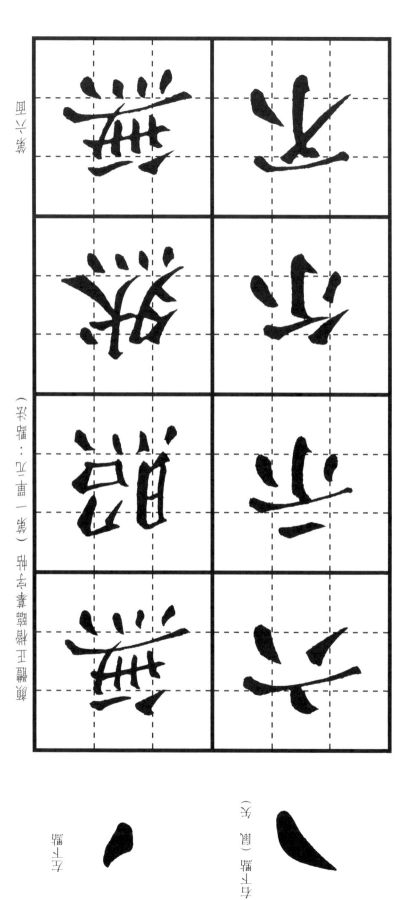

# 第二單元：挑法

上向挑運筆動作圖

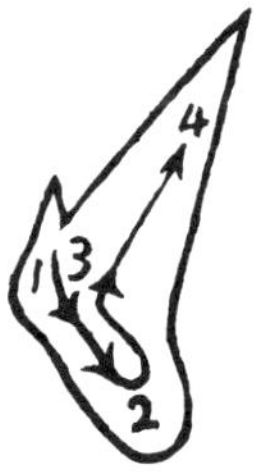


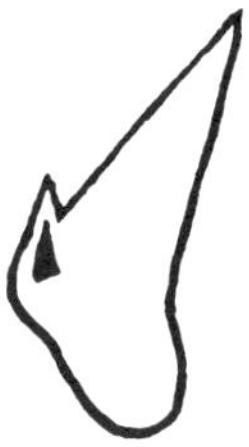

①露鋒向下落筆

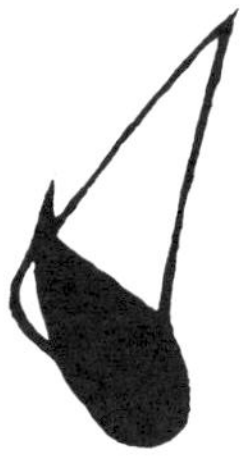

②行筆向下頓筆

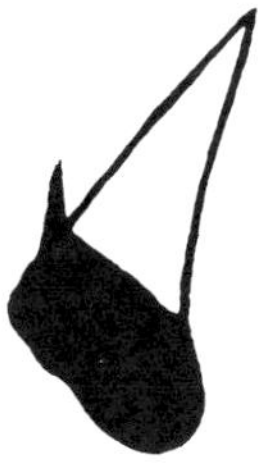

③向上挫筆

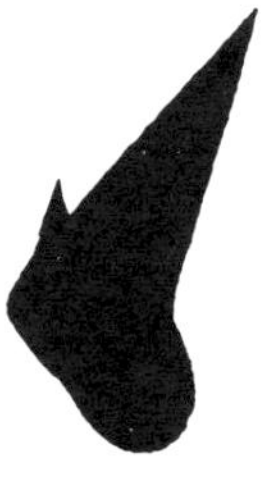

④扭鋒得勢挑出

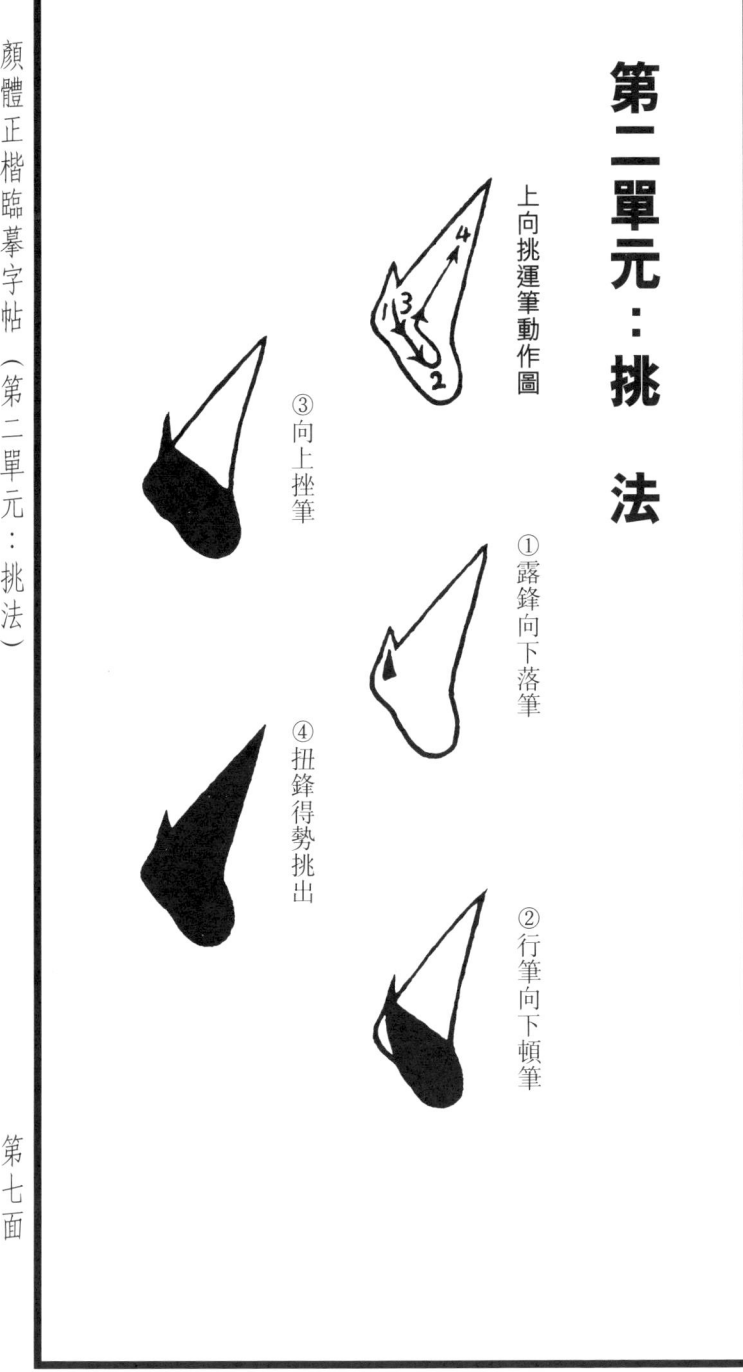

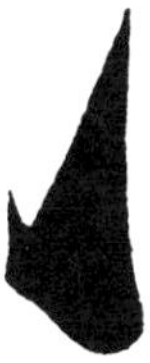
上向挑（挑點）

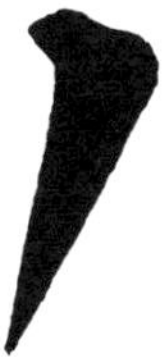
下向挑（啄點）

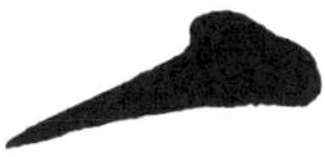
左向挑（平撇）

右向挑（虎牙）

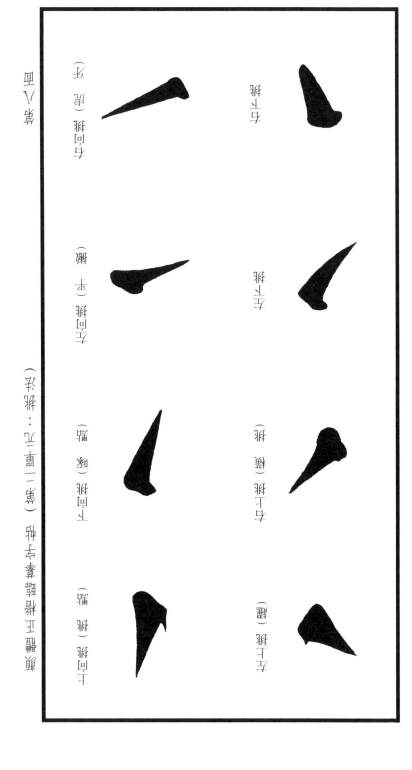

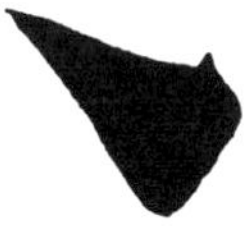
左上挑（趯）

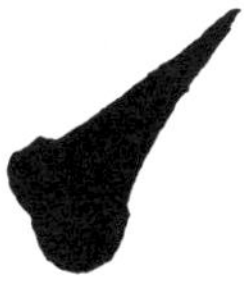
右上挑（橫挑）

左下挑

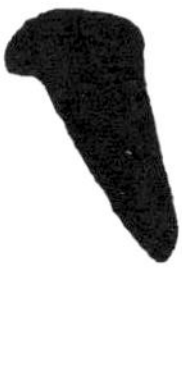
右下挑

上向挑（挑點）

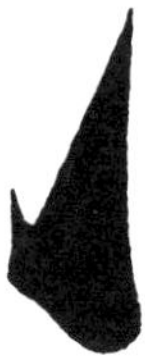

下向挑（啄點）

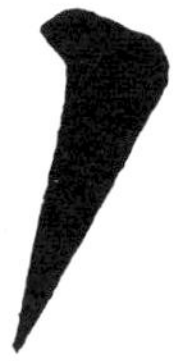

法海淨流

荷英菩華

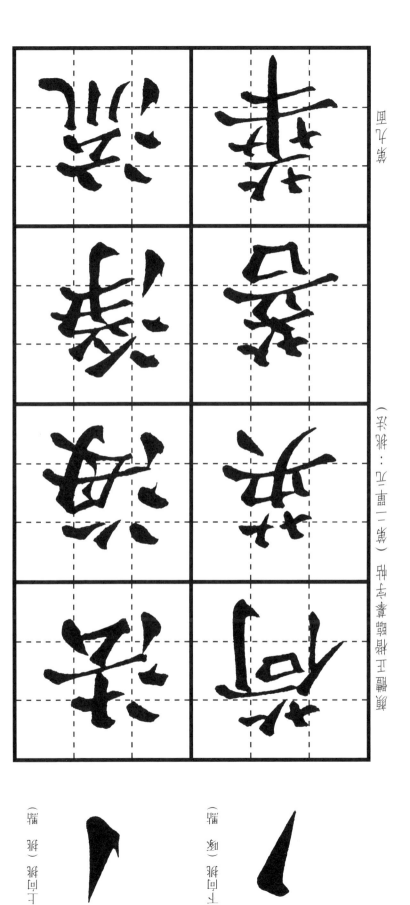

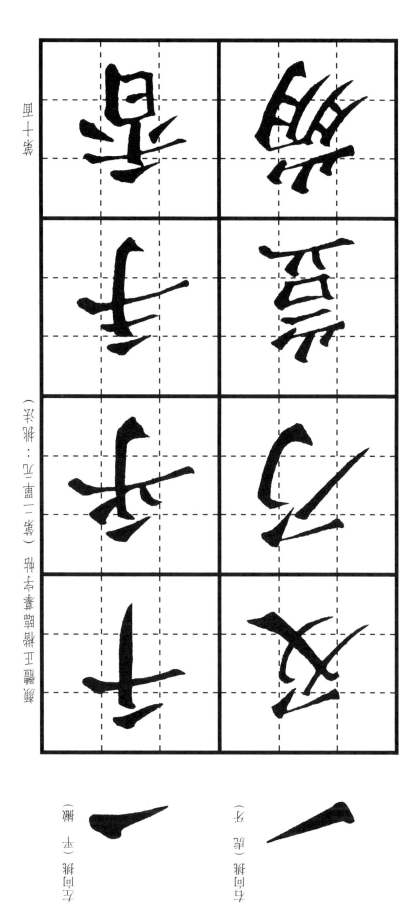

左向挑（平撇）

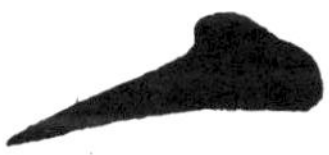

右向挑（虎牙）

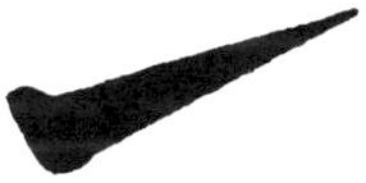

千 乎 手 香

及 乃 豈 朔

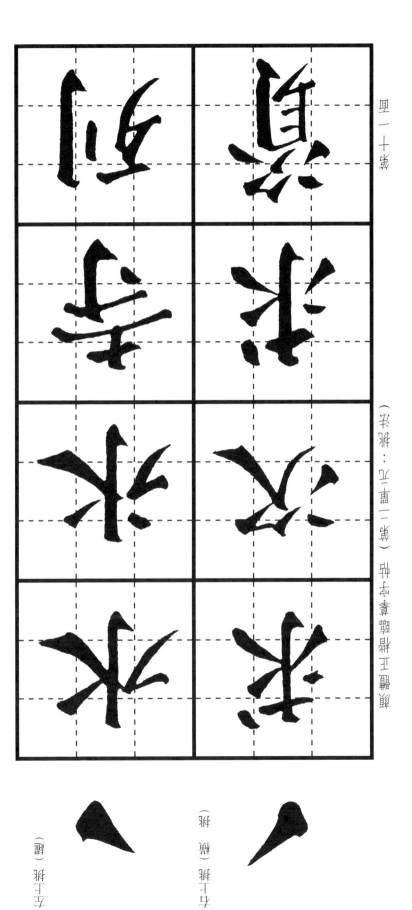

左上挑（趯）

右上挑（橫　挑）

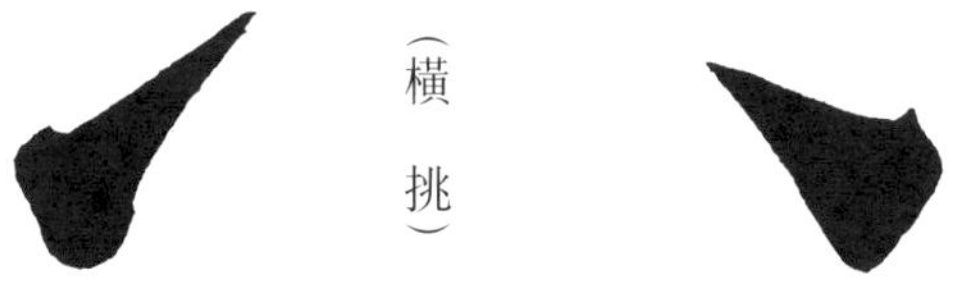

水　氷　寺　列

求　次　求　資

左下挑

右下挑

與

興

異

翼

萬

萌

華

葷

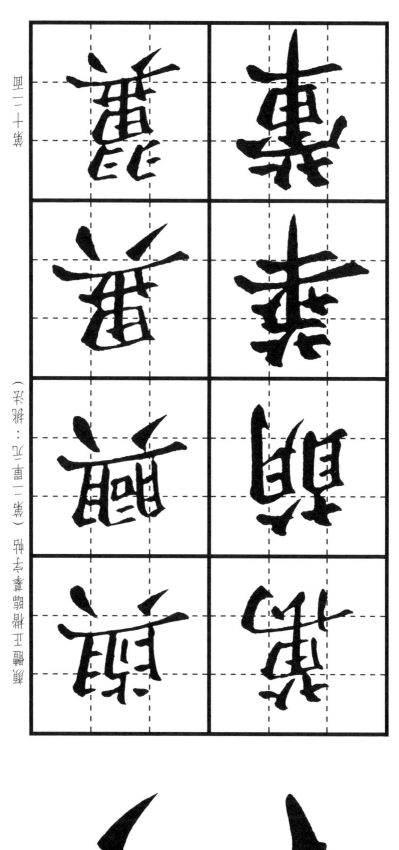

# 第三單元：橫　法

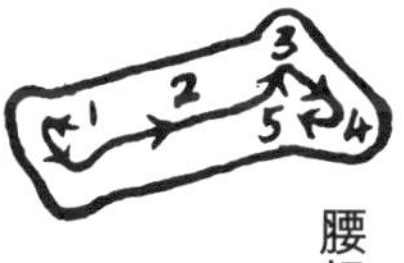


腰粗橫運筆動作圖

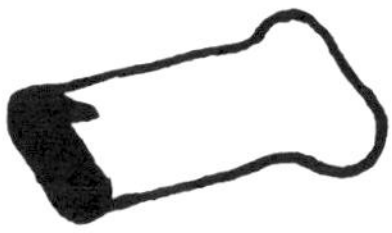

①逆鋒向左轉
筆向下頓筆

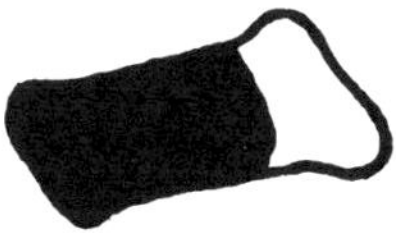

②提筆中鋒
向右行筆

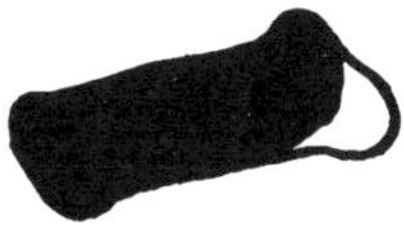

③轉筆向上
成上圓角

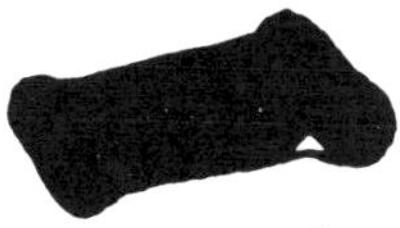

④轉筆向右頓筆
成右圓角

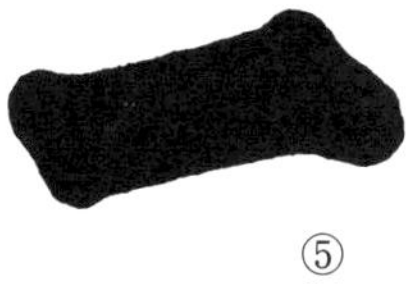

⑤提筆向左
迴鋒收筆

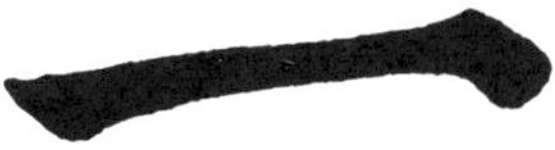
平橫（玉 案）

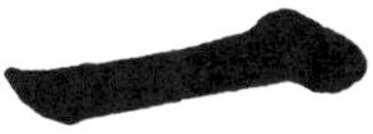
凹橫（勒）

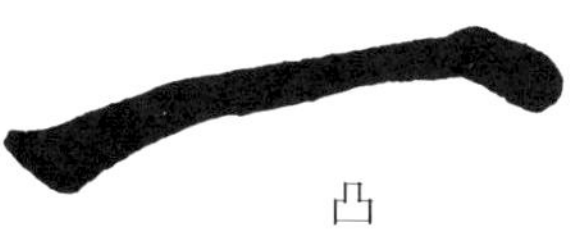
凸橫（勒）

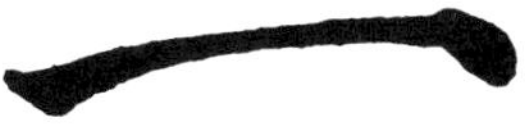
腰細橫

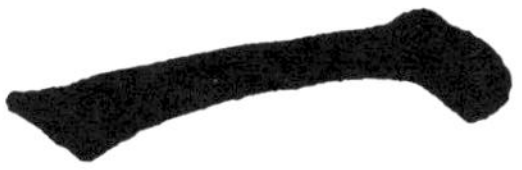
腰粗橫

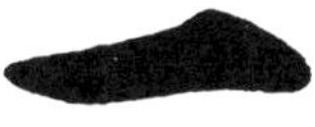
左尖橫（短 針）

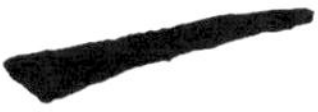
右尖橫

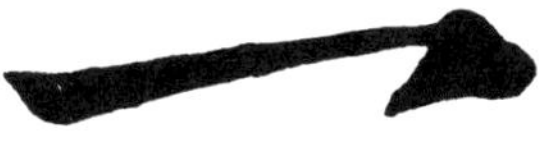
右勾橫

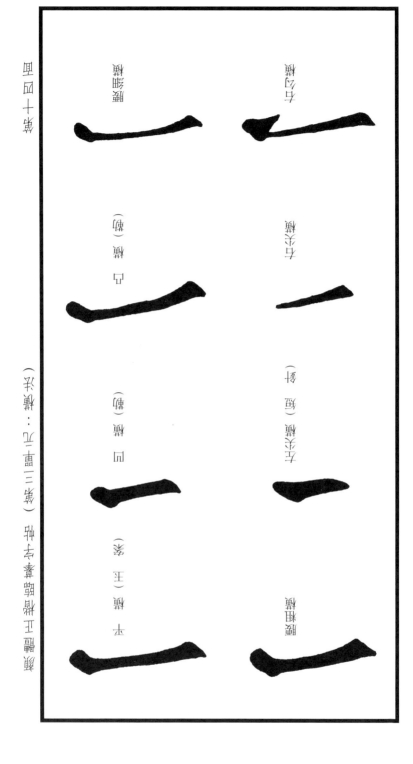

平橫（玉案）

一

凹橫（勒）

一

生並喜畫

石天夫香

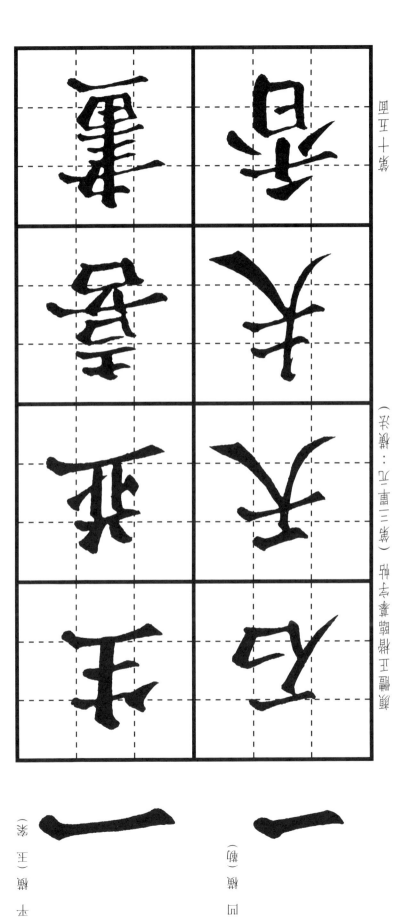

凸橫（勒）

腰細橫

下有言意

女安異童

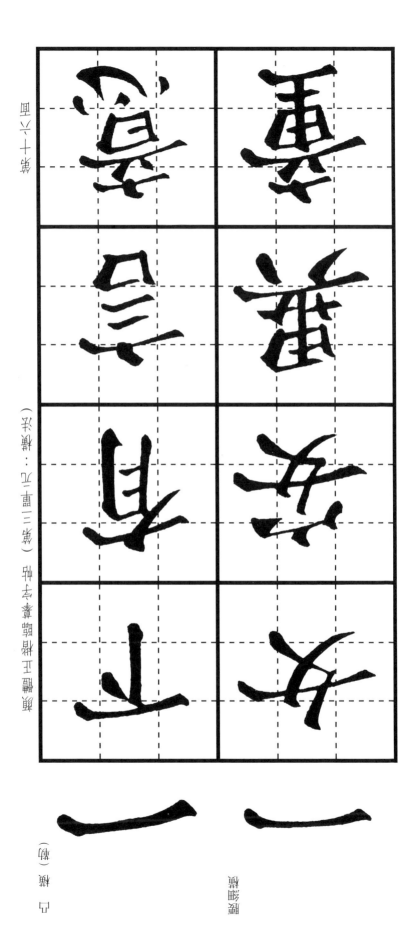

腰粗橫

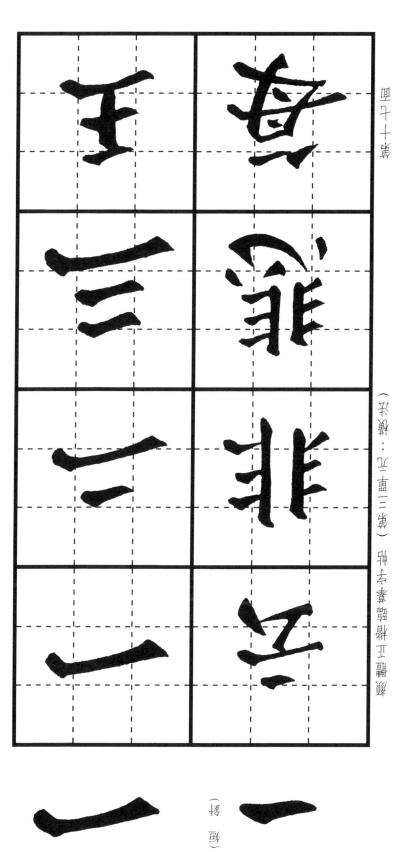

左尖橫（短針）

| | |
|---|---|
| 一 | 云 |
| 二 | 非 |
| 三 | 悲 |
| 王 | 每 |

右尖橫

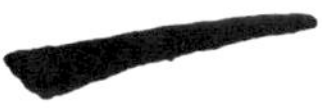

右勾橫

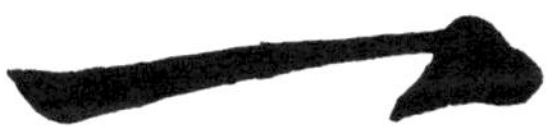



如姬妙姓

宛宿宸賓

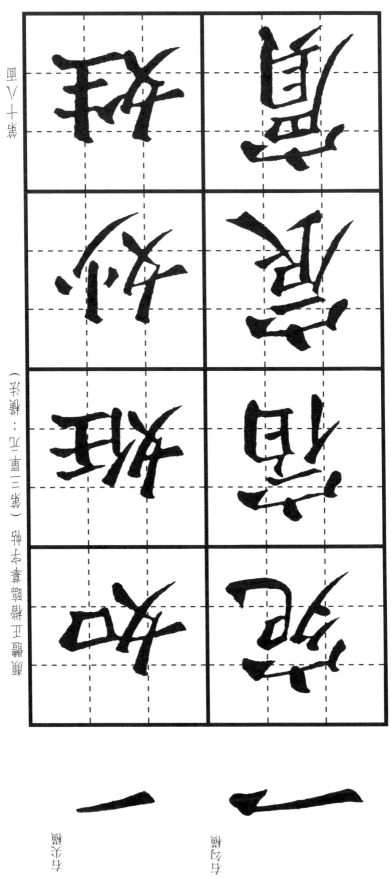

# 第四單元：豎　法

直豎運筆動作圖

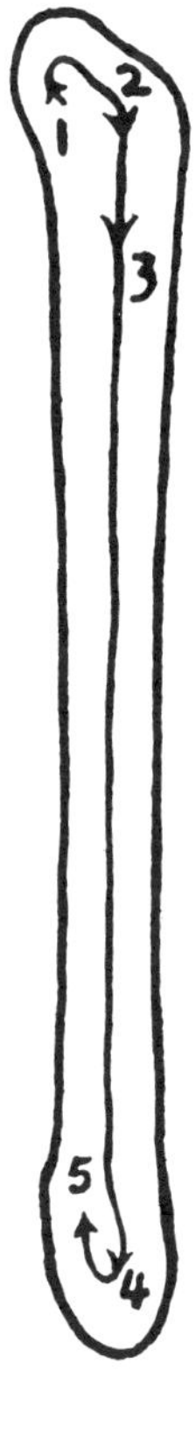


①逆鋒向上取勢於畫外
②轉筆向右橫筆畧頓成右圓角
③提筆向下中鋒行筆
④向下頓筆成下圓角
⑤轉筆迴鋒向上急起收筆成左圓角

直豎（垂露）

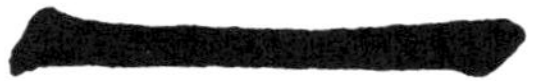

左弧豎（向豎）

右弧豎（背豎）

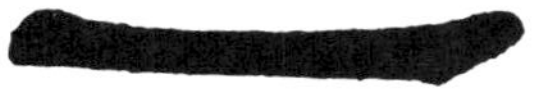

腰細豎（努）

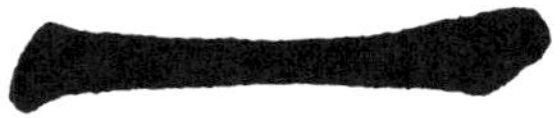

腰粗豎（鐵柱）

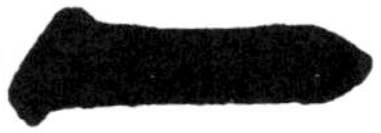

上尖豎（懸膽）

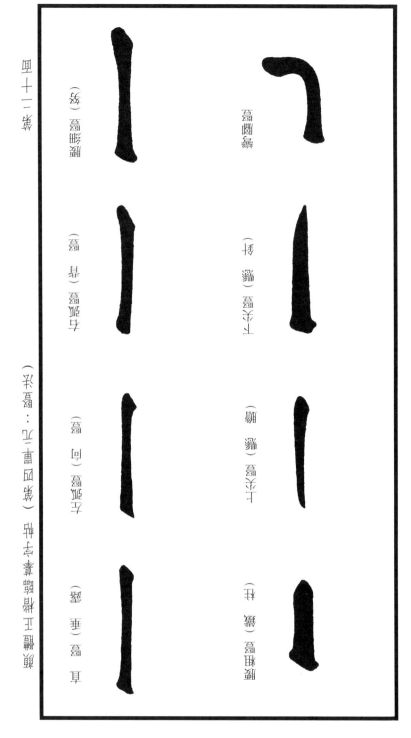

下尖豎（懸針）

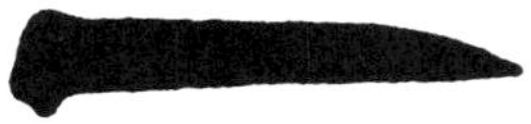

彎腳豎

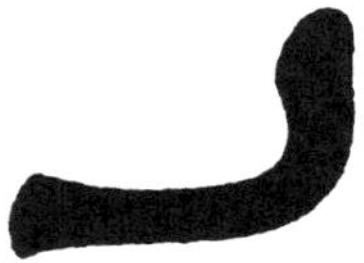

直豎（垂露）

左弧豎（向豎）

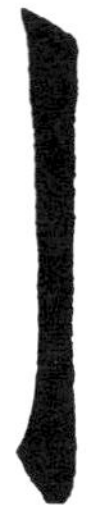

莊 收 狀 輪

門 問 開 閘

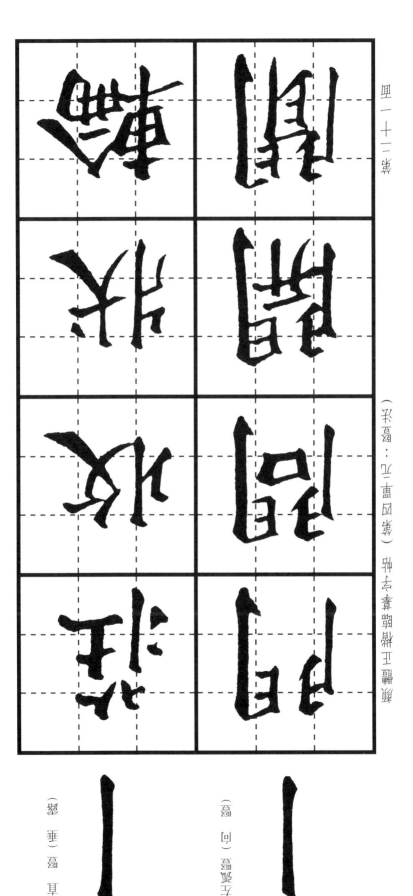

右弧豎（背　豎）

腰細豎（努）

| | |
|---|---|
| 悟 | 悅 |
| 恒 | 悟 |
| 懷 | 惟 |
| 臨 | 愜 |

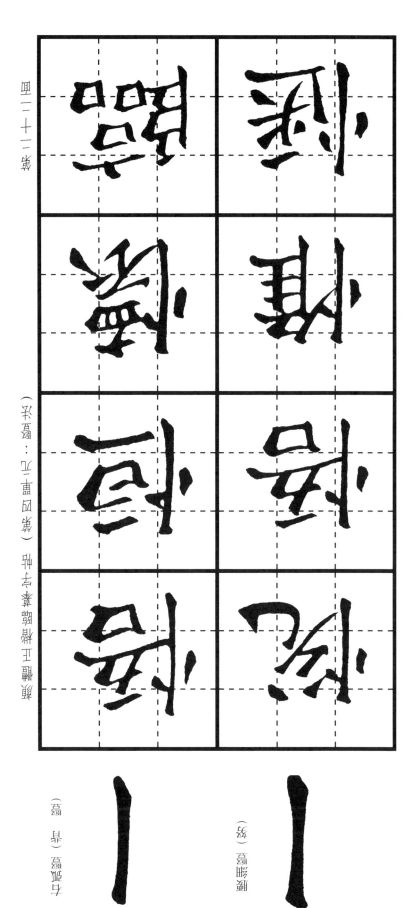

腰粗竪（鐵柱）

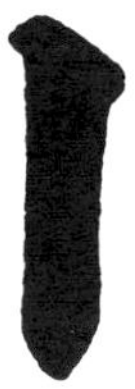

上尖竪（懸膽）

西而出非

靜佛僧備

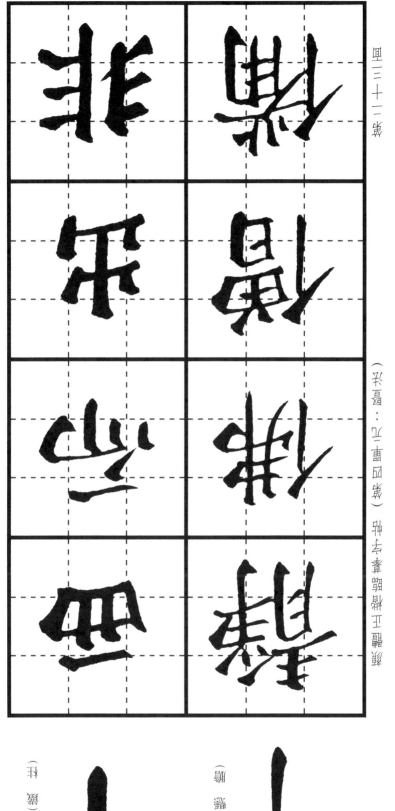

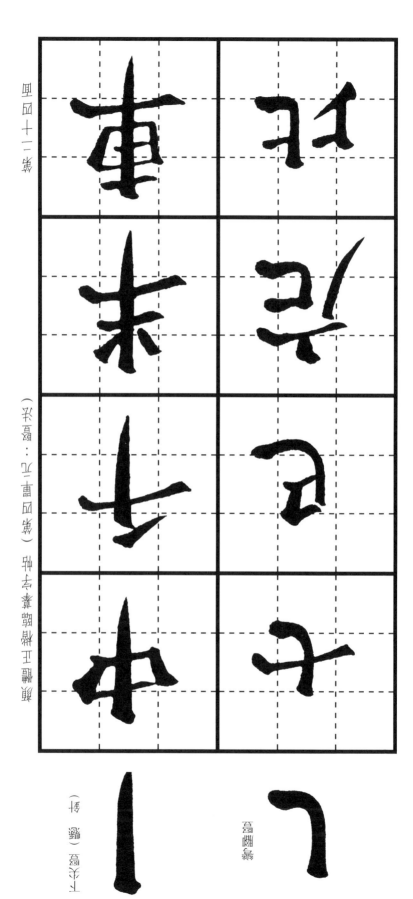

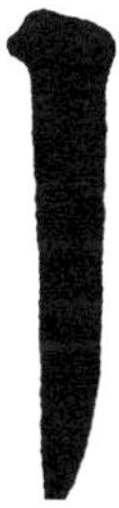

下尖竪（懸針）

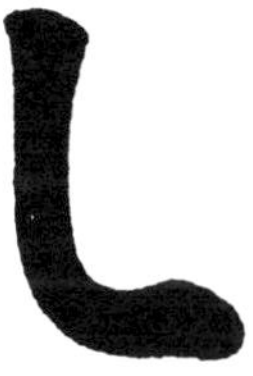

彎腳竪

中千半車

七巴庀比

# 第五單元：撇　法

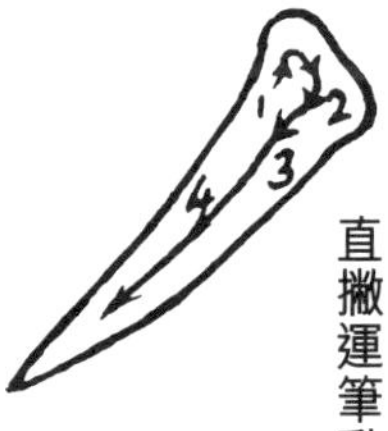


直撇運筆動作圖

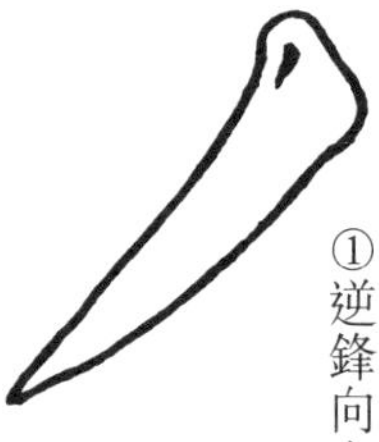

①逆鋒向上

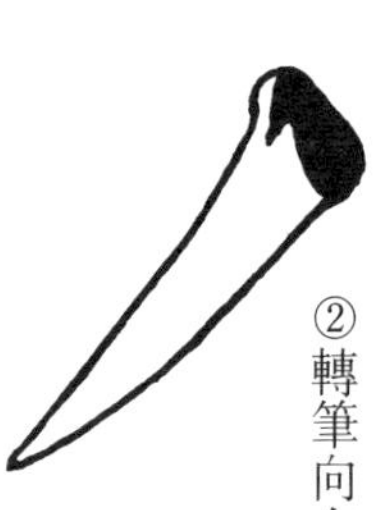

②轉筆向右下頓筆

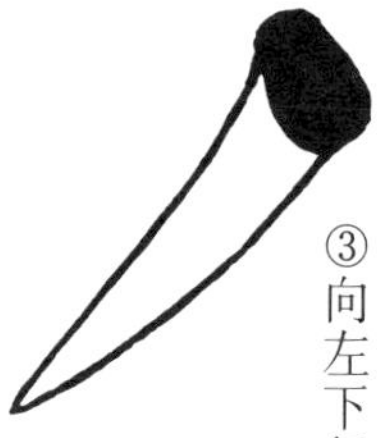

③向左下行筆

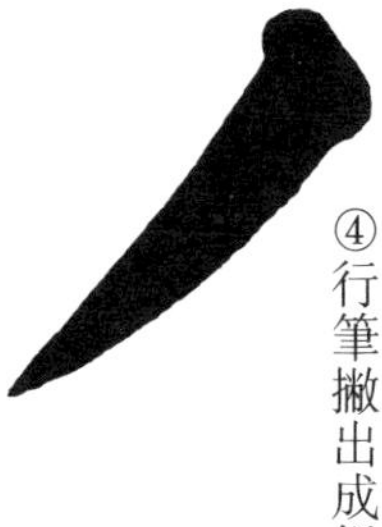

④行筆撇出成鋭角

直撇（犀角）

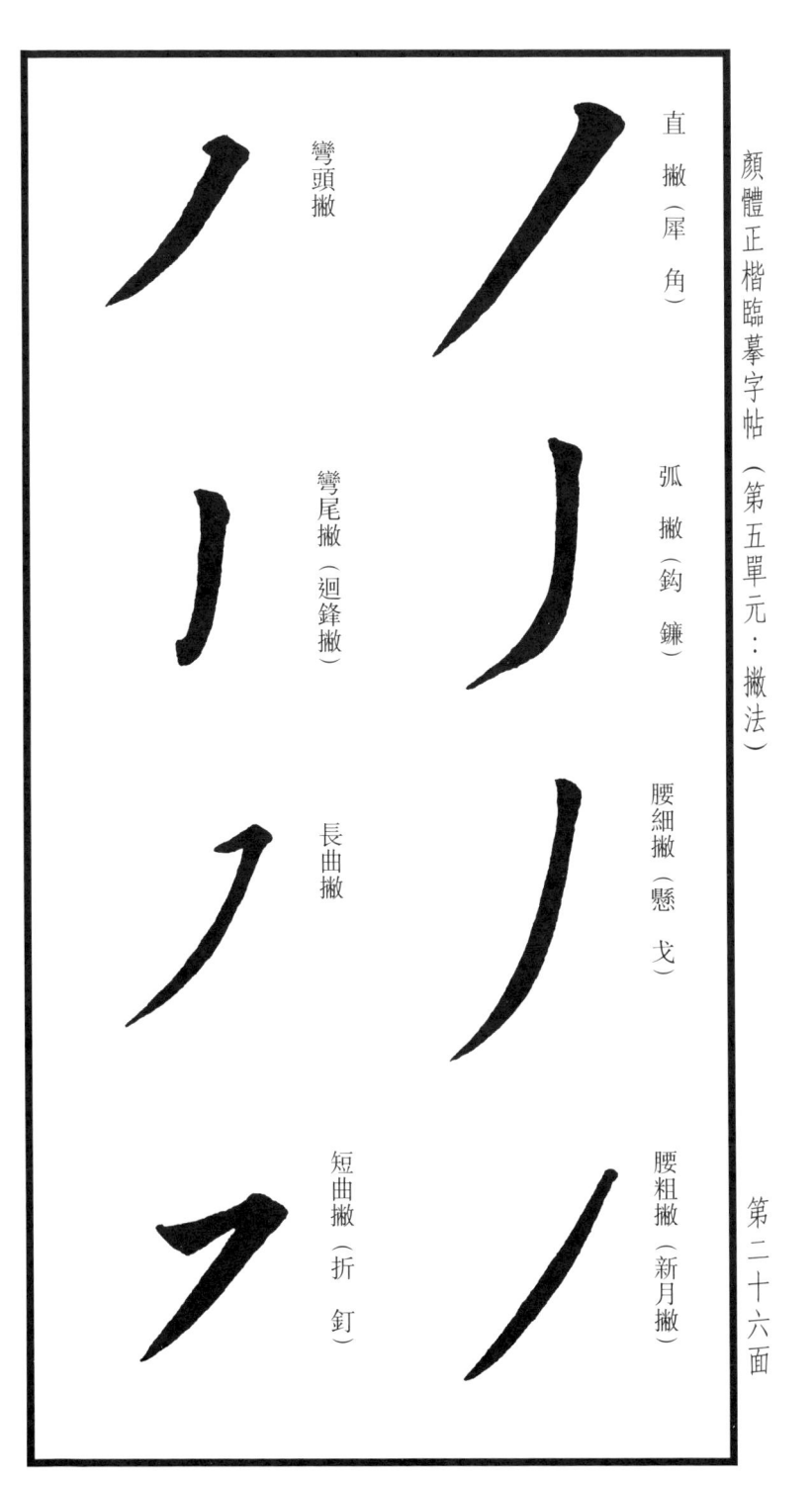

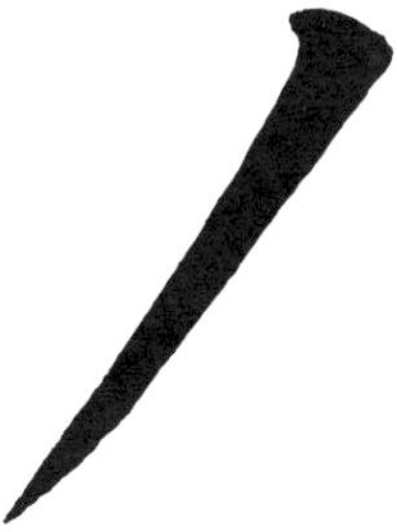

弧撇（鈎鐮）

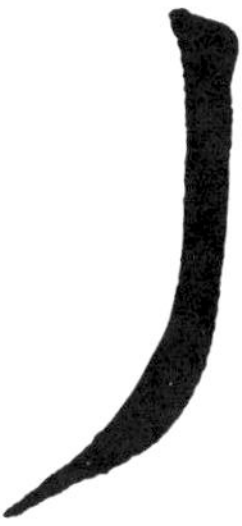

腰細撇（懸戈）

腰粗撇（新月撇）

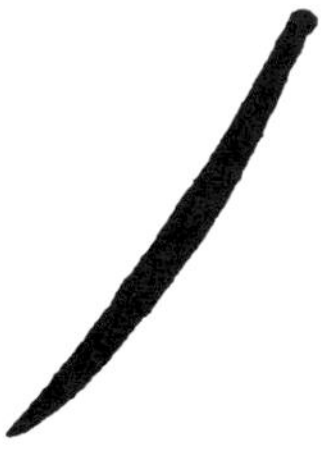

彎頭撇

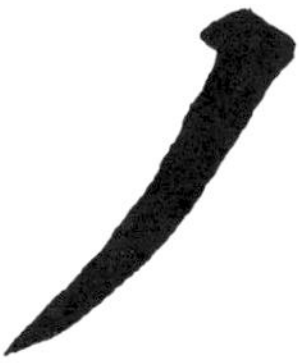

彎尾撇（迴鋒撇）

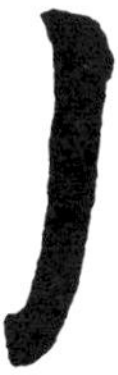

長曲撇

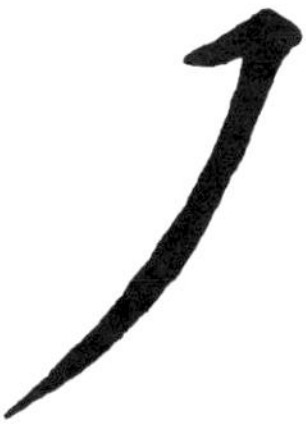

短曲撇（折釘）

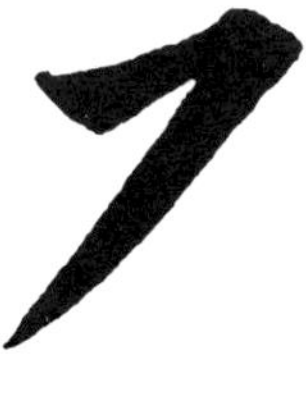

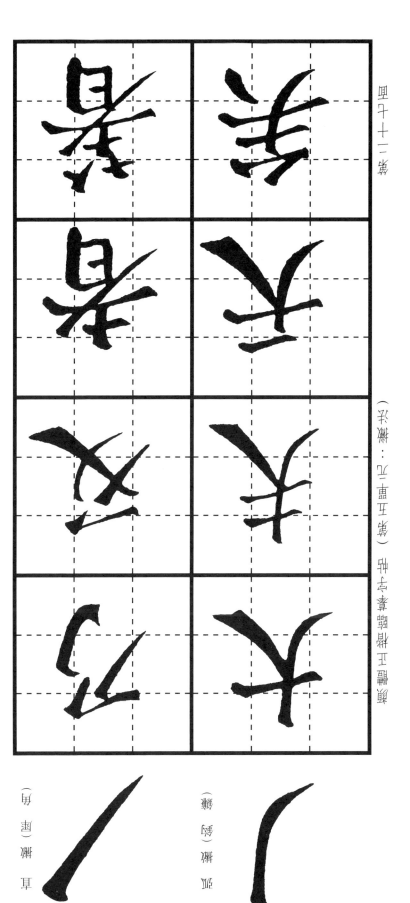

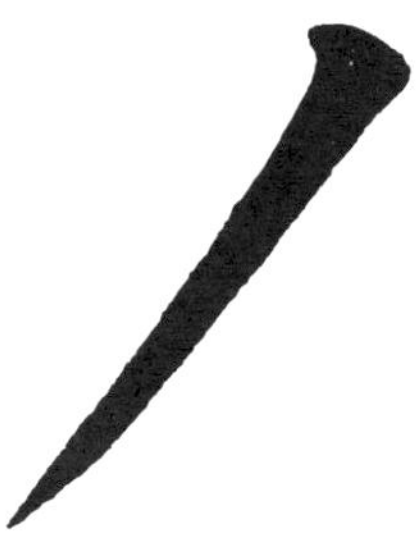

直撇（犀角）

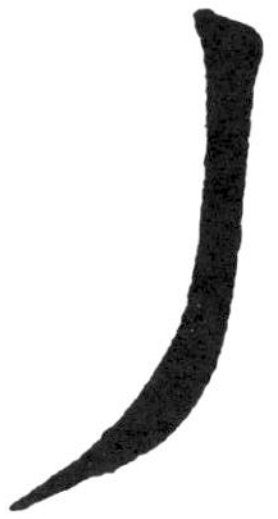

弧撇（鈎鐮）

乃　及　者　著

大　夫　天　矢

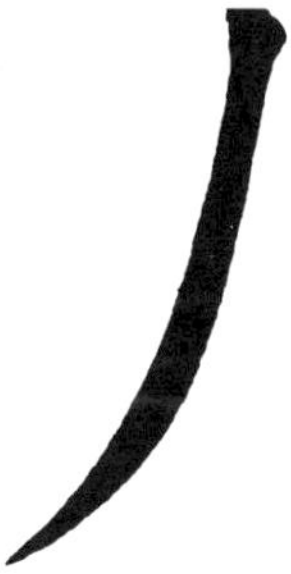

腰細撇（懸 戈）

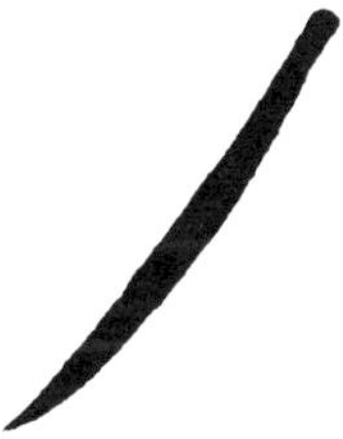

腰粗撇（新月撇）

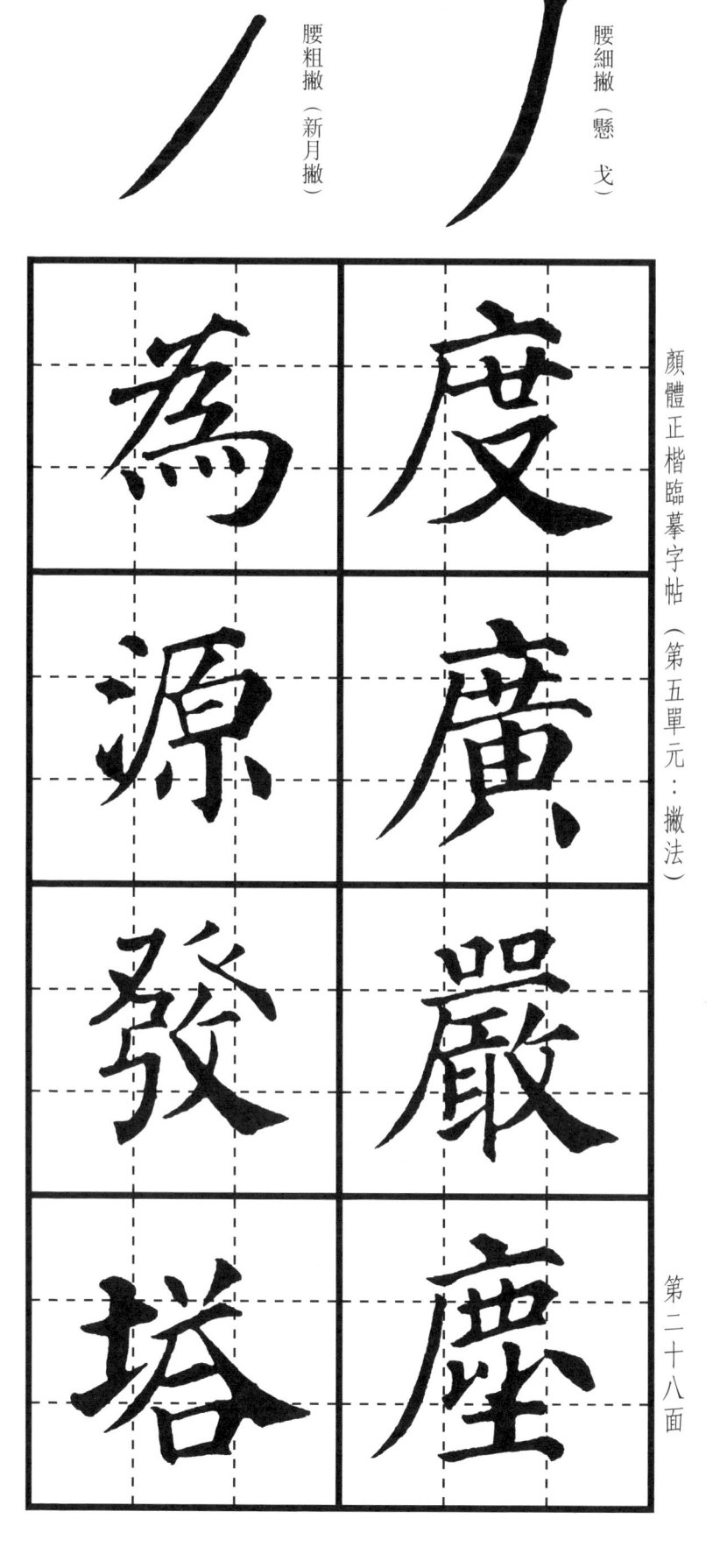

度廣嚴座

為源發塔

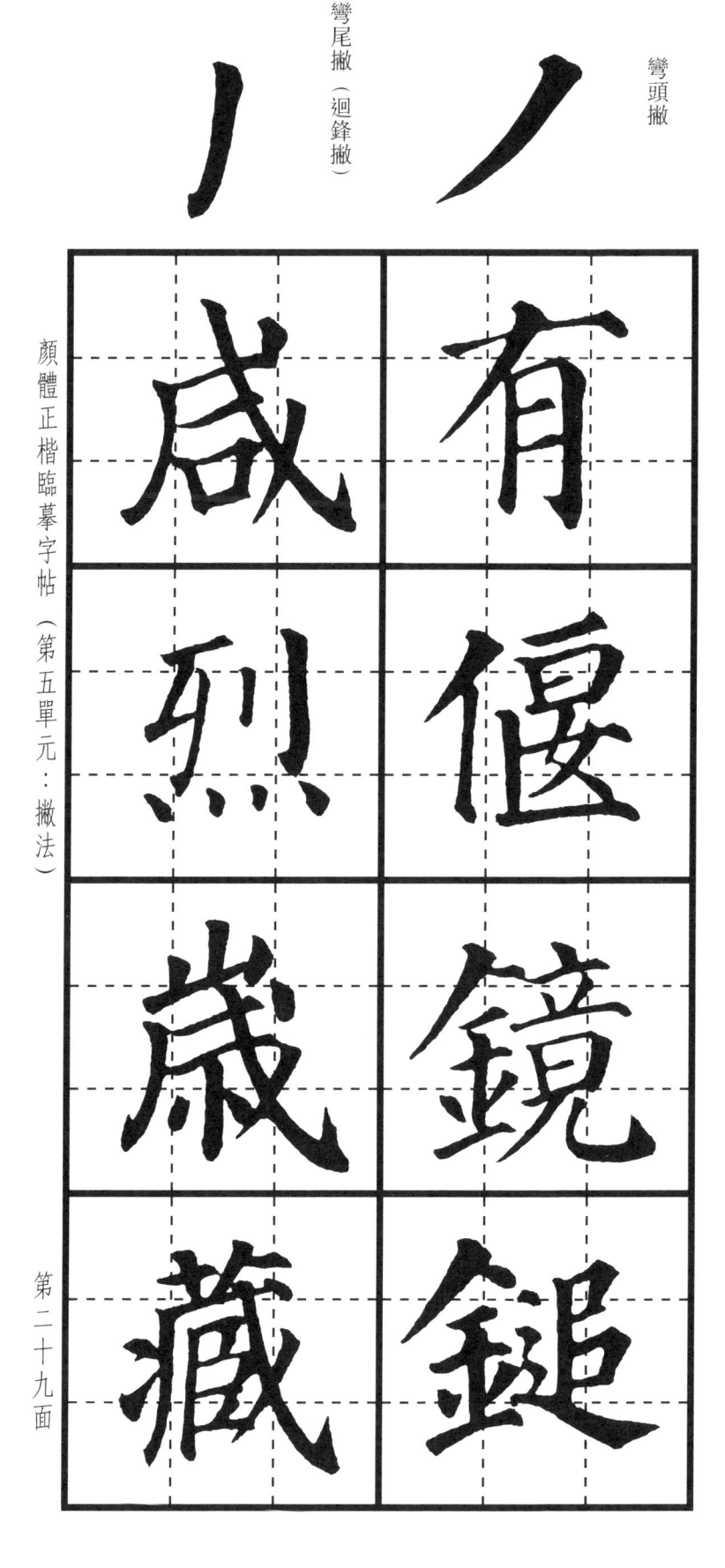

彎頭撇

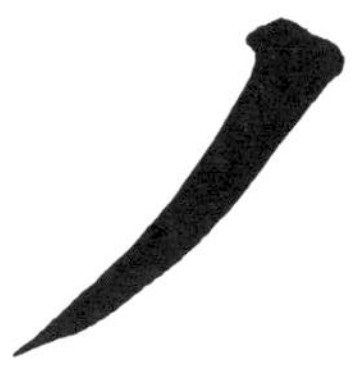

彎尾撇（迴鋒撇）

有 偃 鏡 鎚

咸 烈 歲 藏

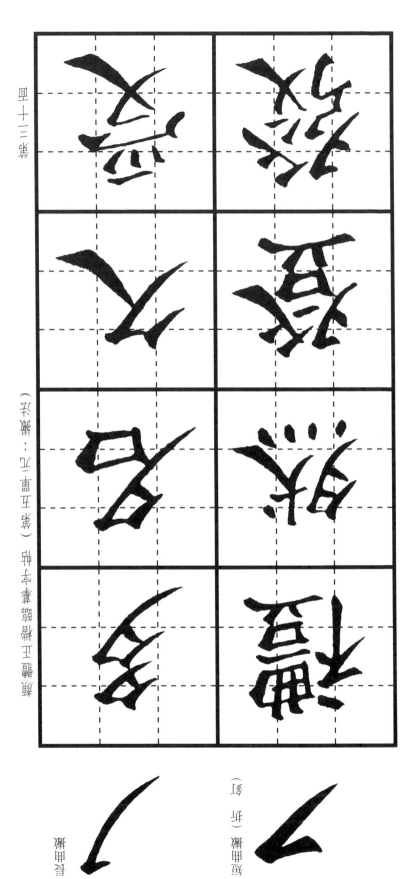

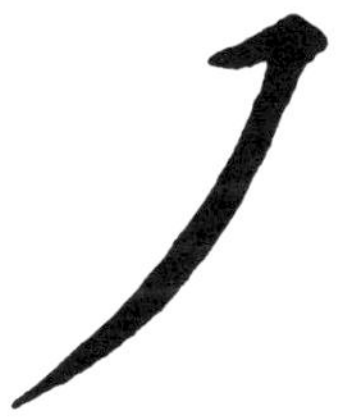
長曲撇

短曲撇（折釘）

多名久受

禮然登發

# 第六單元：捺　法

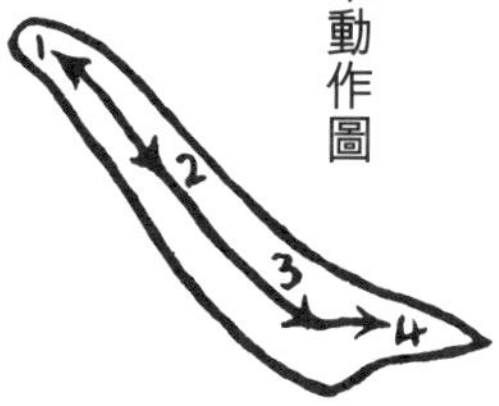

弧捺運筆動作圖

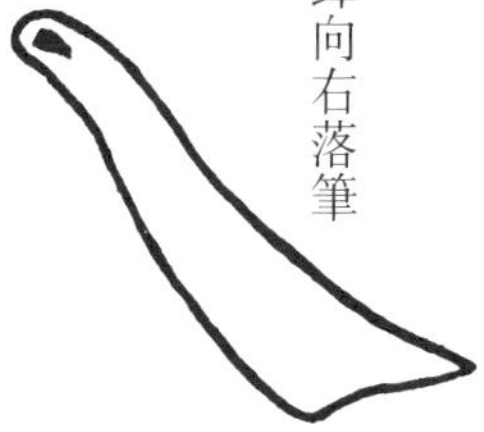
①逆鋒向右落筆

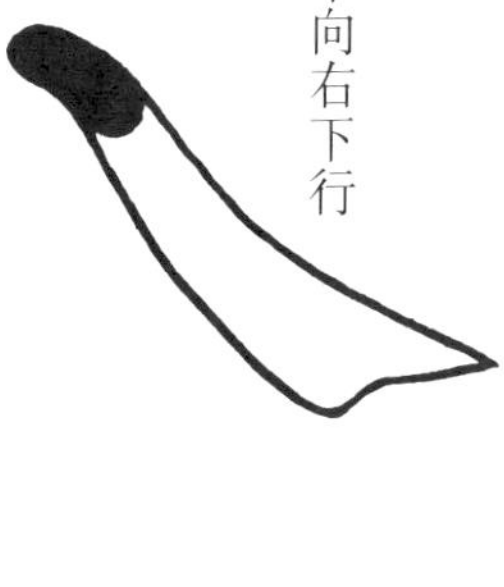
②轉筆向右下行

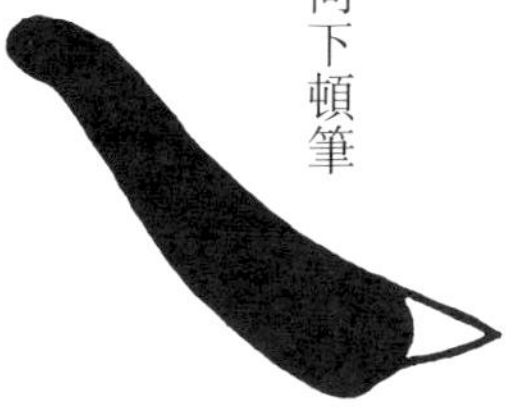
③行筆向下頓筆

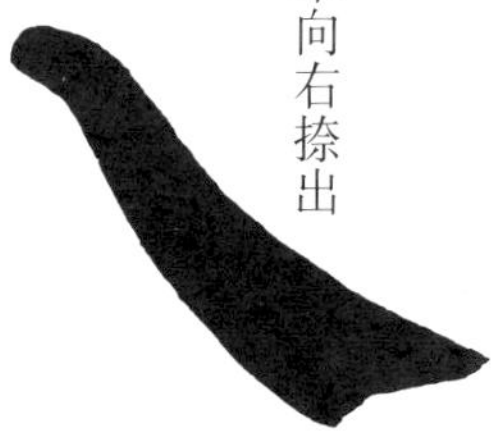
④提筆向右捺出

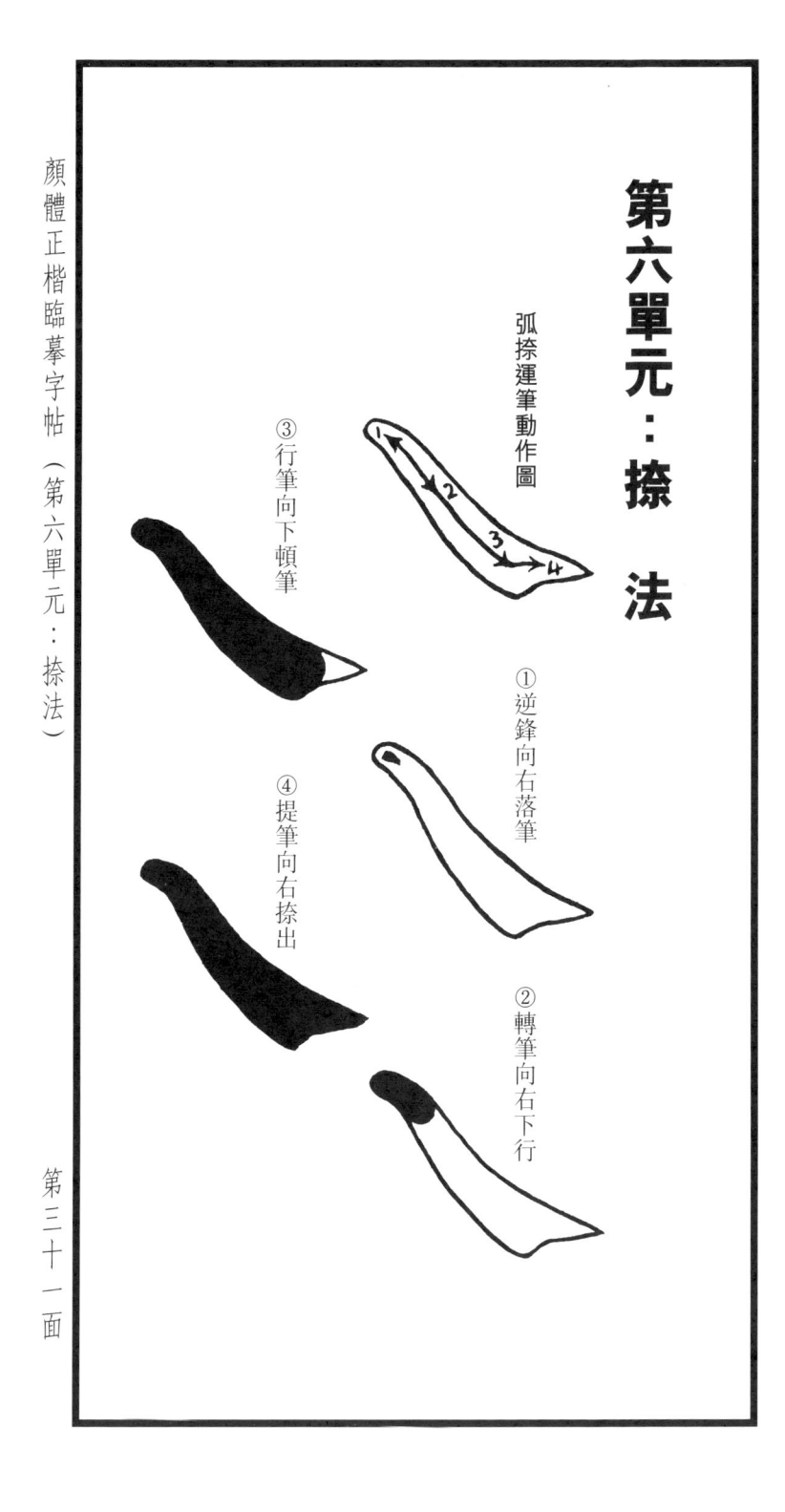

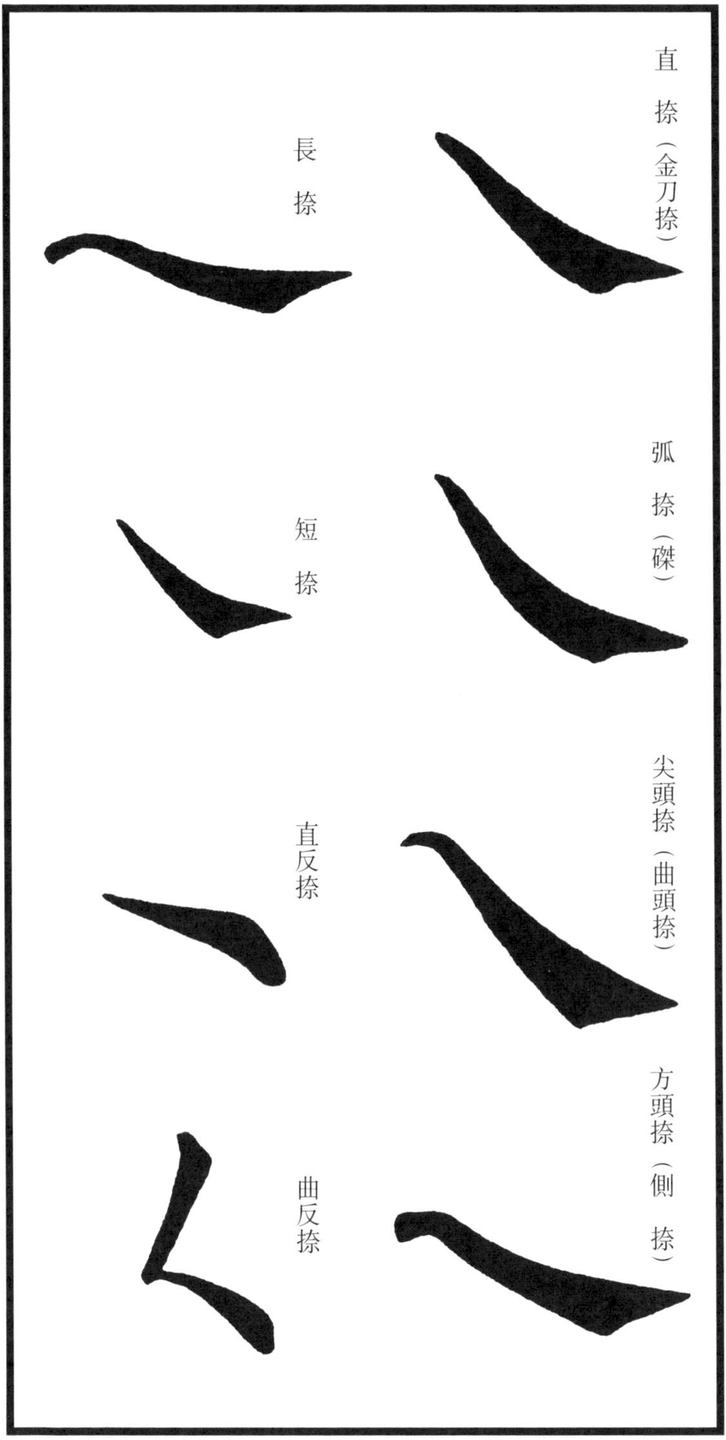
直捺（金刀捺）
弧捺（磔）
尖頭捺（曲頭捺）
方頭捺（側捺）
長捺
短捺
直反捺
曲反捺

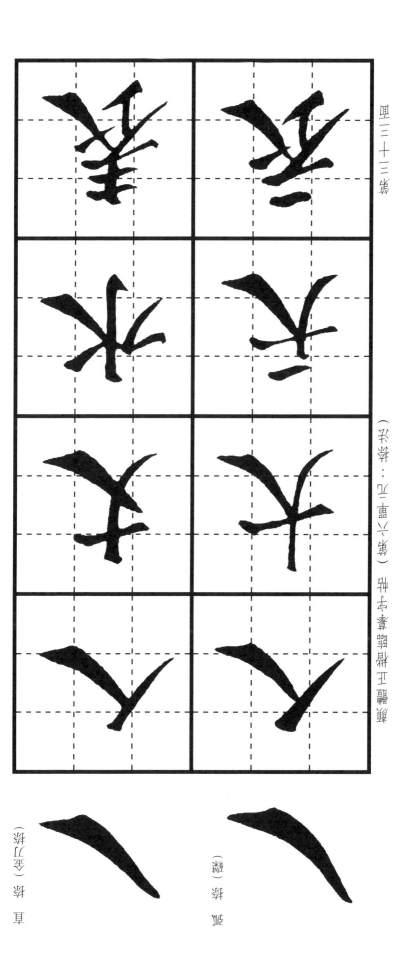

直捺（金刀捺）

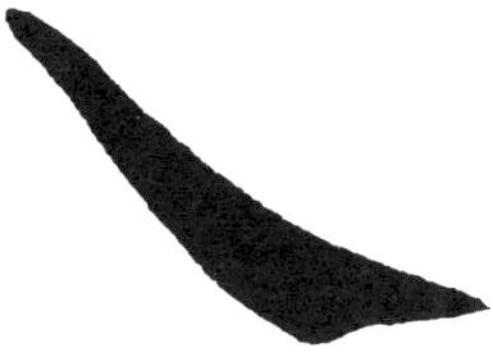

弧捺（磔）

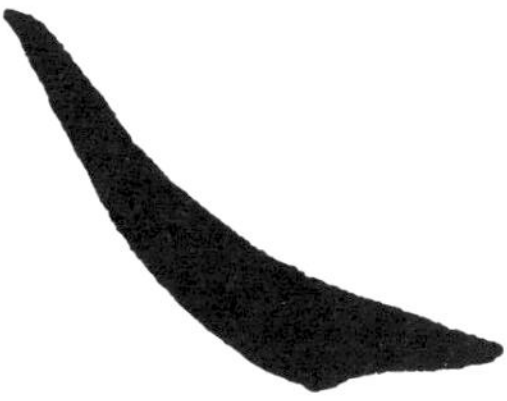



| | |
|---|---|
| 人 | 人 |
| 丈 | 大 |
| 水 | 天 |
| 表 | 衣 |

尖頭捺（曲頭捺）

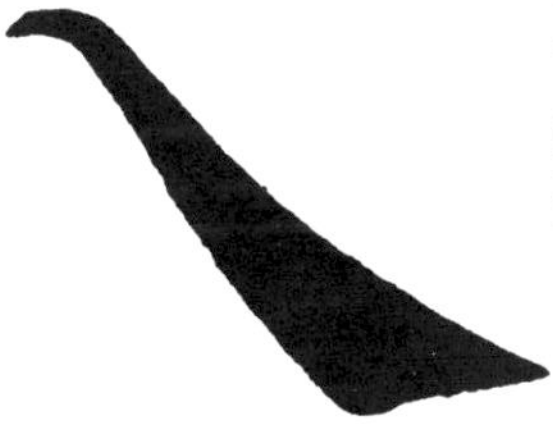

方頭捺（側　捺）

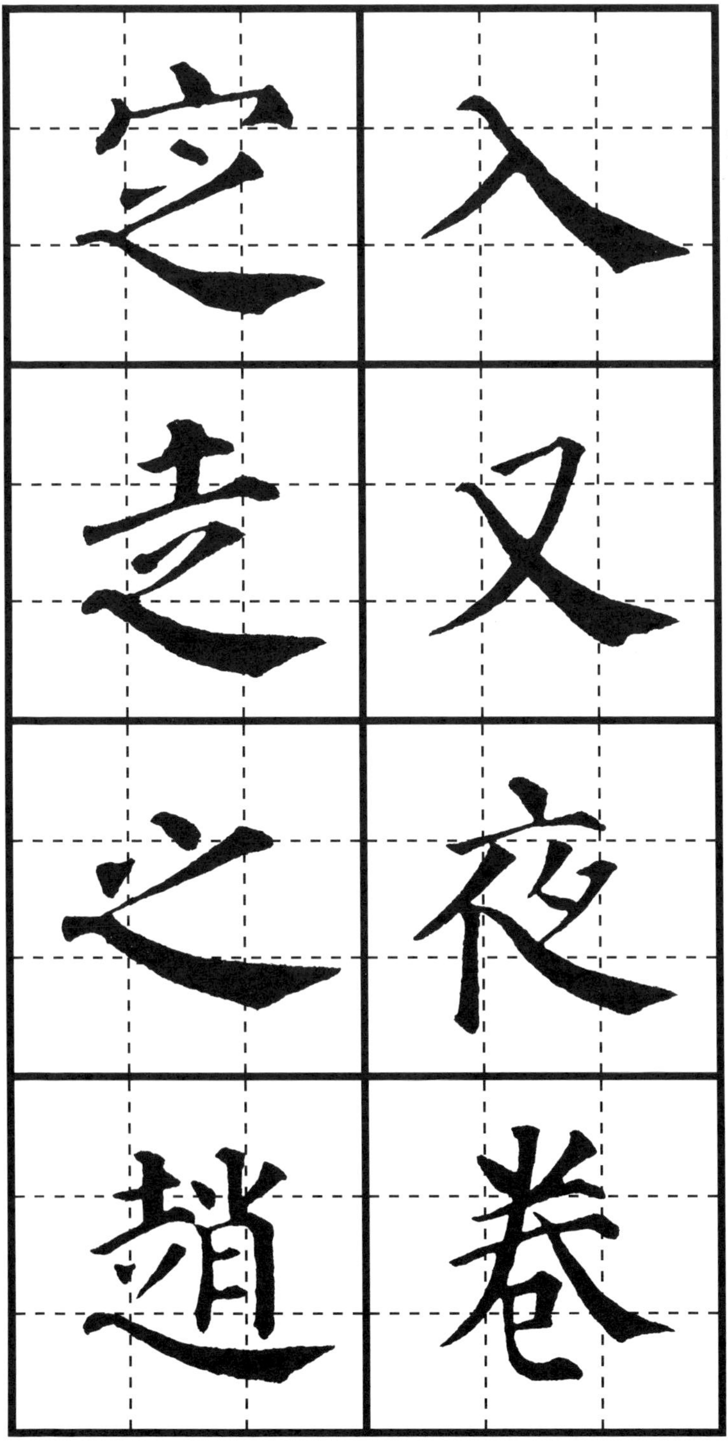

長捺

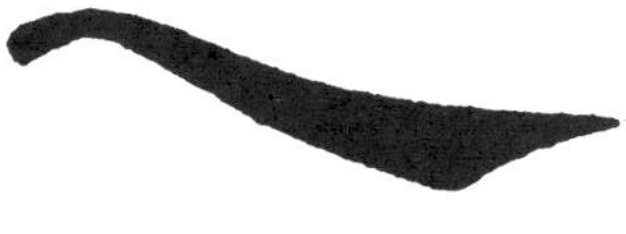

短捺

遷選道遞

家象聚壓

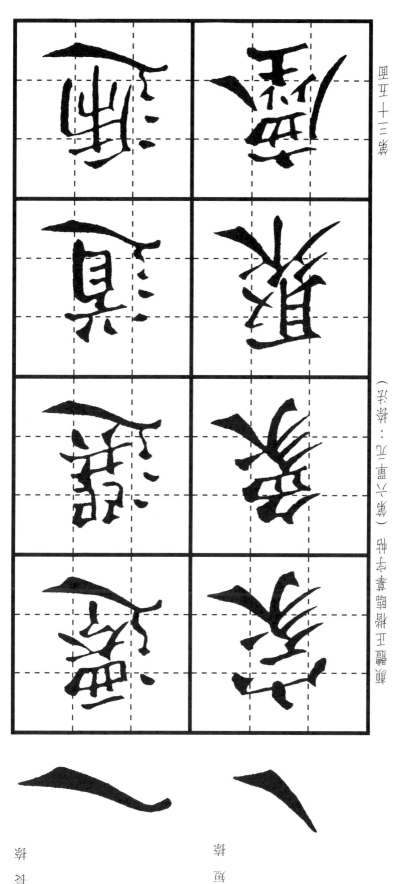

直反捺

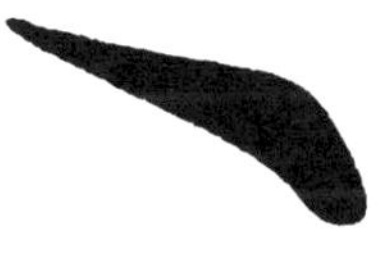

曲反捺

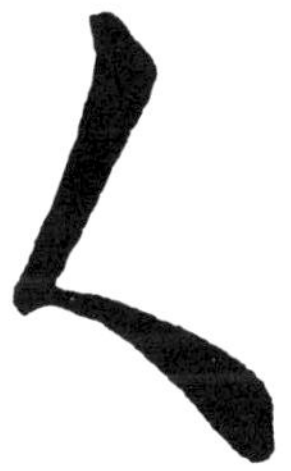

香賢逾逢

姿如妙茹

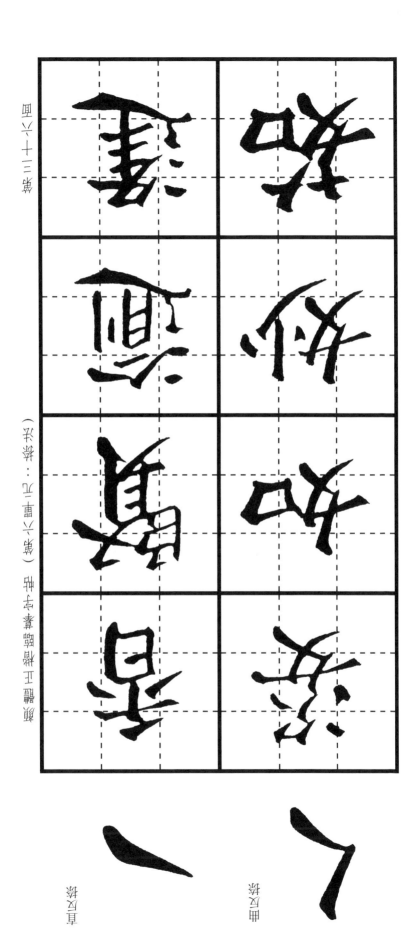

# 第七單元：厥　法

高厥運筆動作圖

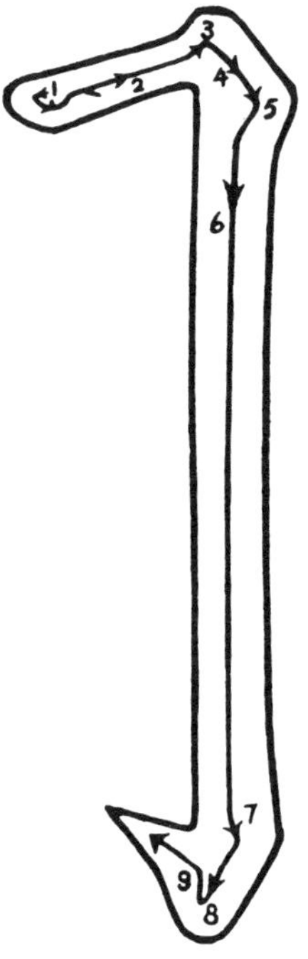


①起筆同橫畫　②行筆至圍轉處稍駐　③提筆轉鋒　④向右挫筆
⑤向下頓筆　⑥提筆下行同豎畫　⑦至挑畫處頓筆
⑧向下挫筆扭鋒　⑨轉筆得勢挑出成鋭角

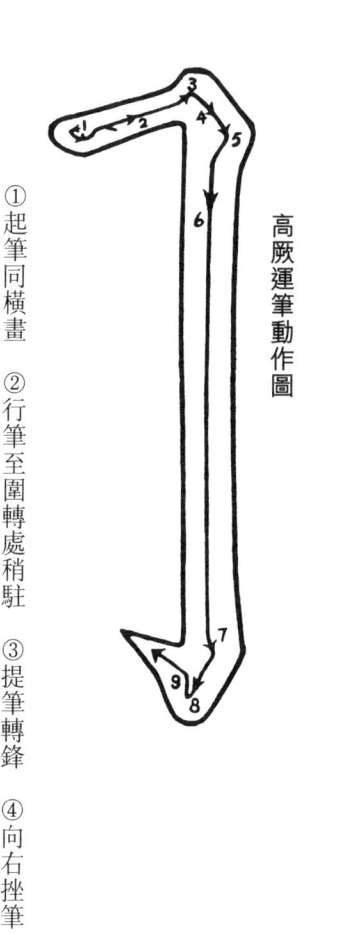

直厥（中鈎）

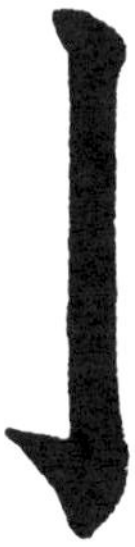

弧厥

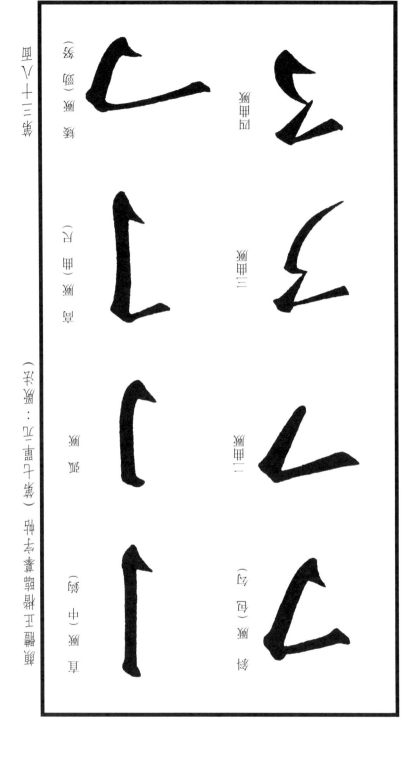

高厥（曲尺）

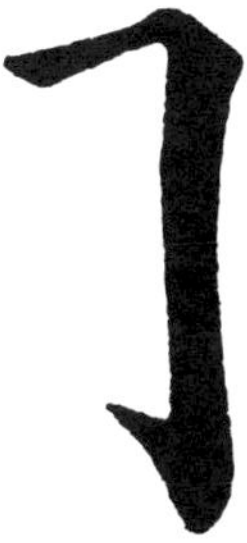

矮厥（勁努）

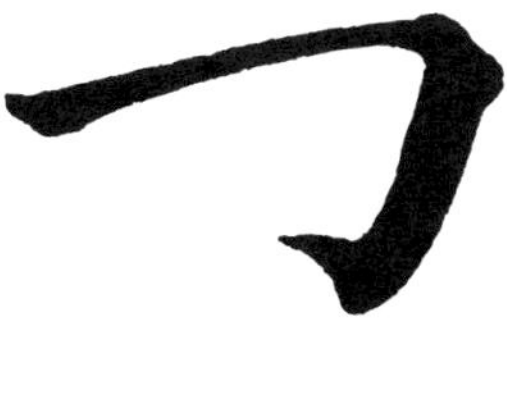

斜厥（包勾）

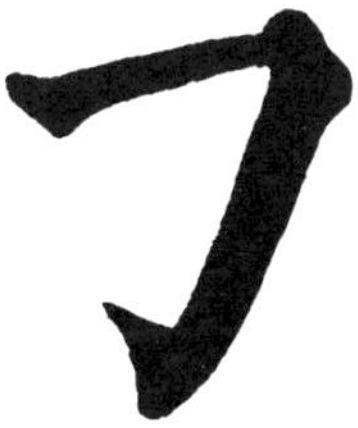

二曲厥

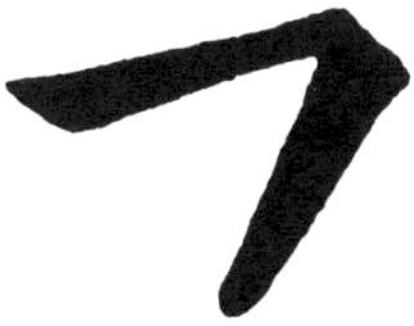

三曲厥

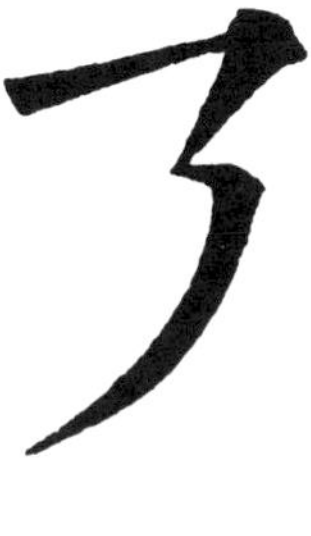

四曲厥

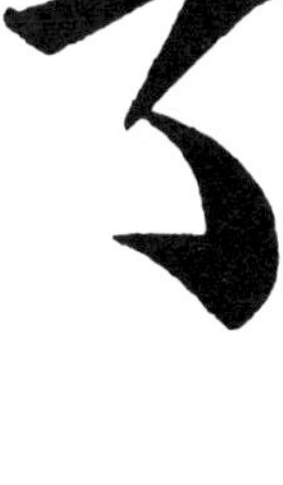

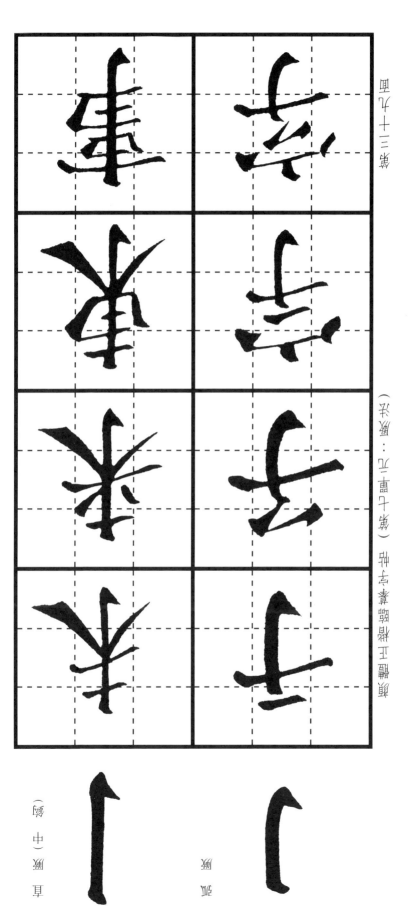

直厥（中鈎）

亅

弧厥

亅

末 来 東 事

于 子 宇 字

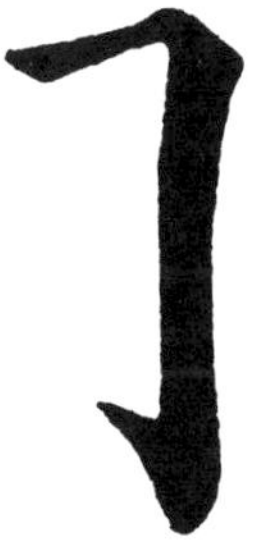

高厥（曲尺）

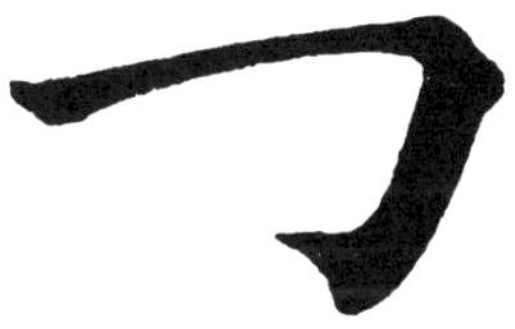

矮厥（勁努）

同用門開

高萬扃厲

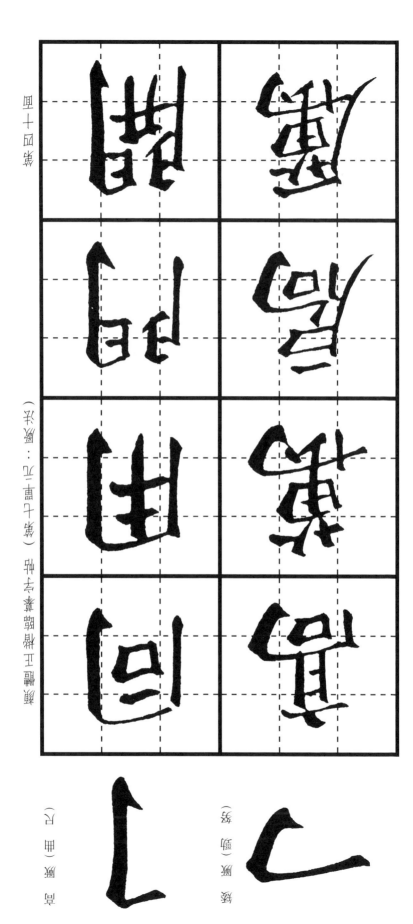

斜厥（包勾）

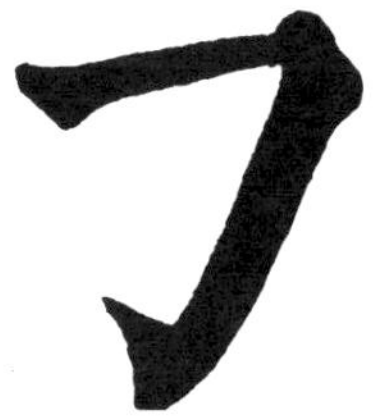

二曲厥

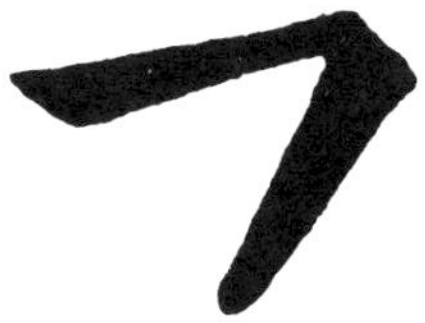

忍忽勅動

書盡慧羣

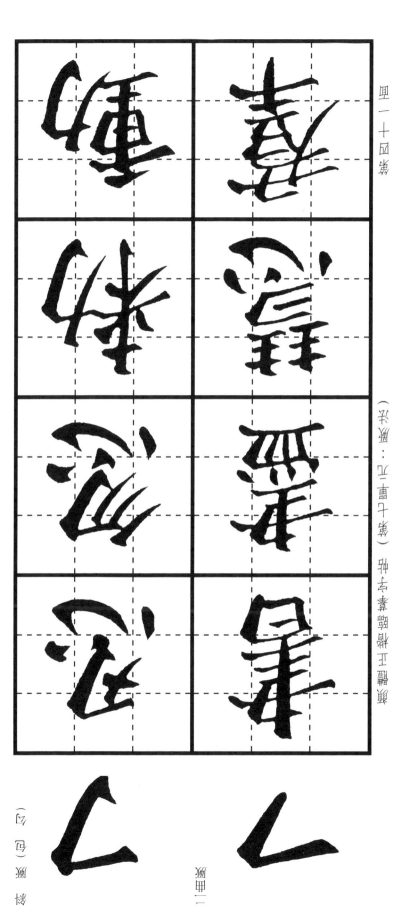

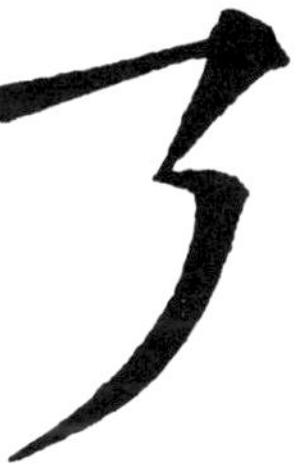
三曲厥

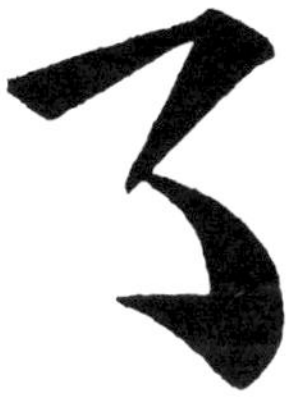
四曲厥



及 庭 建 誕

部 都 郎 邪

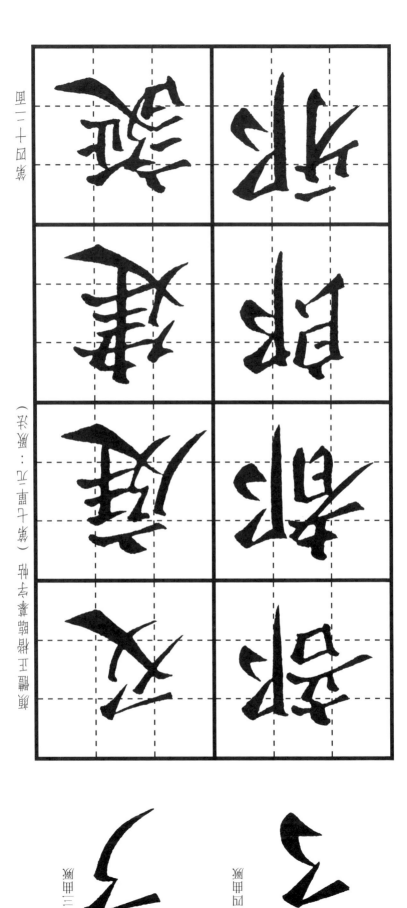

# 第八單元：鈎　法

直鈎運筆動作圖

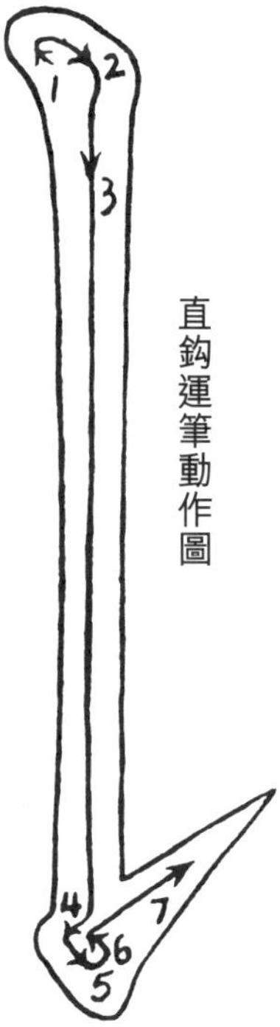


①逆鋒向上落筆　②轉筆向右頓筆　③行筆至挑畫處　④提筆轉鋒再向下落筆
⑤向下頓筆成下圓角　⑥向上挫筆扭鋒成鈍角　⑦轉筆得勢挑出成銳角

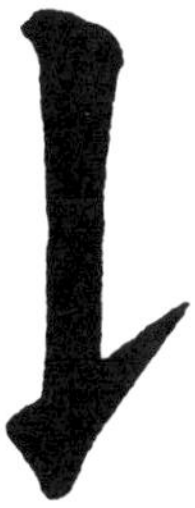
直鉤

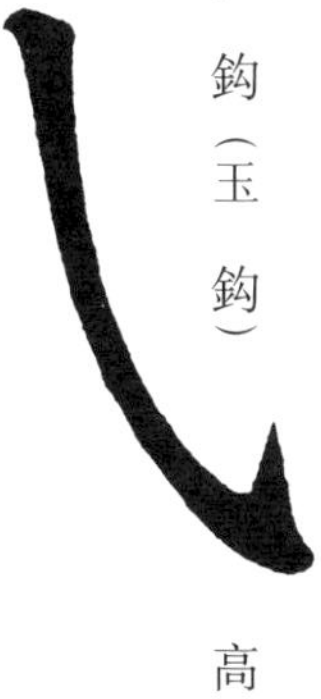
弧鉤（玉鉤）

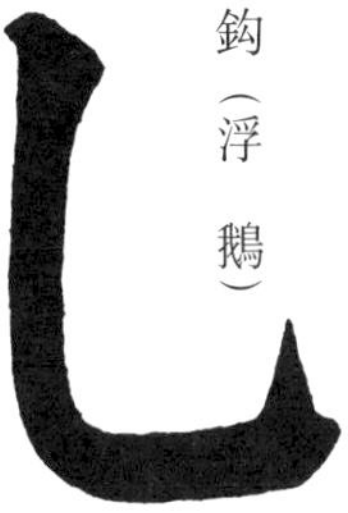
高鉤（浮鵝）

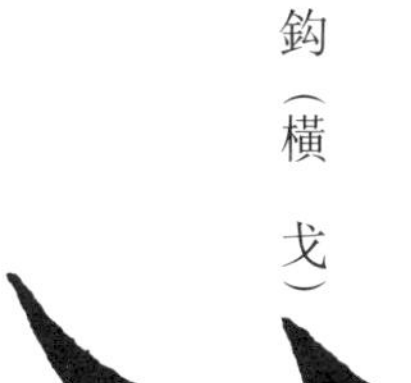
矮鉤（橫戈）

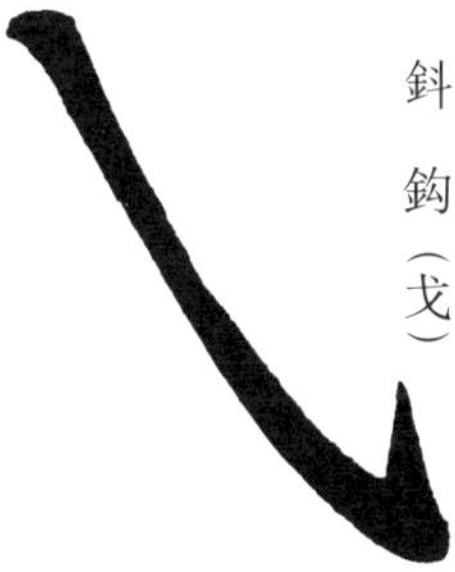
斜鉤（戈）

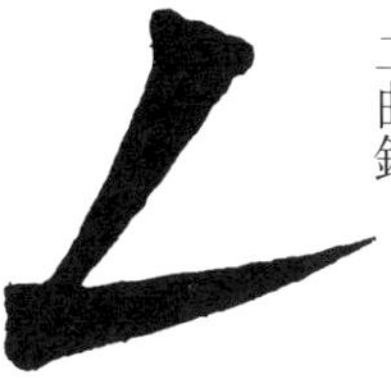
二曲鉤

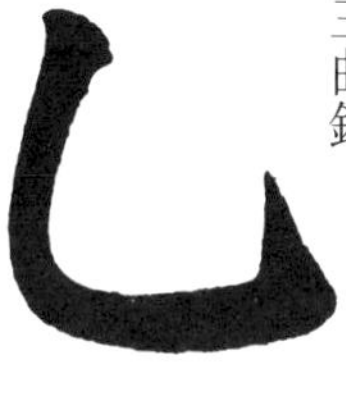
三曲鉤

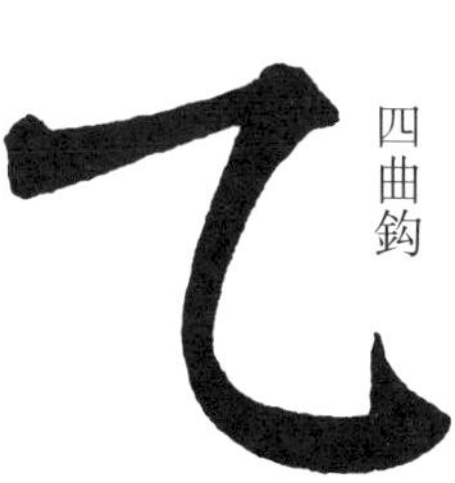
四曲鉤

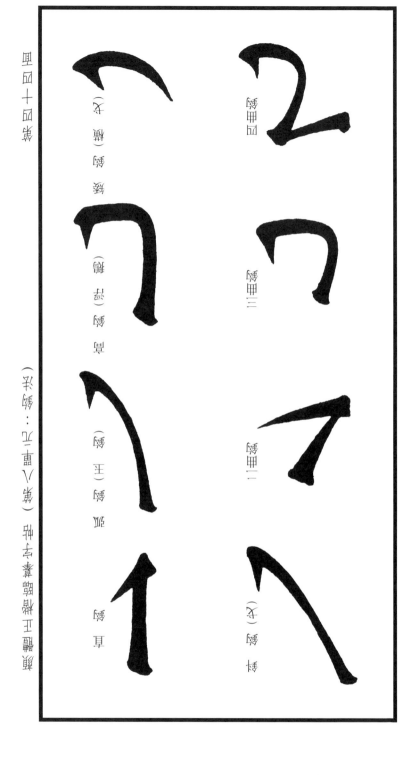

直鉤

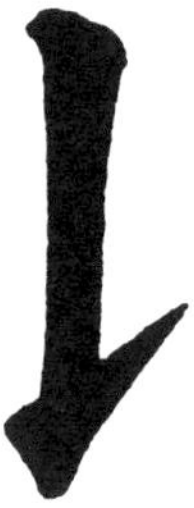

弧鉤（玉鉤）

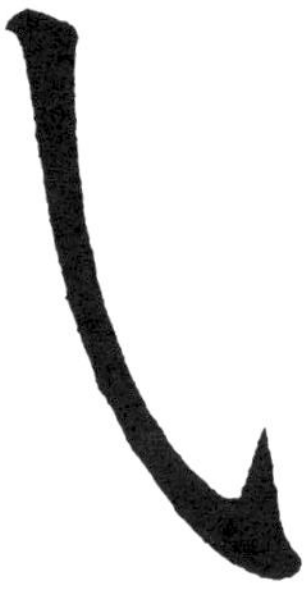

辰囊能嚴

我戴載戲

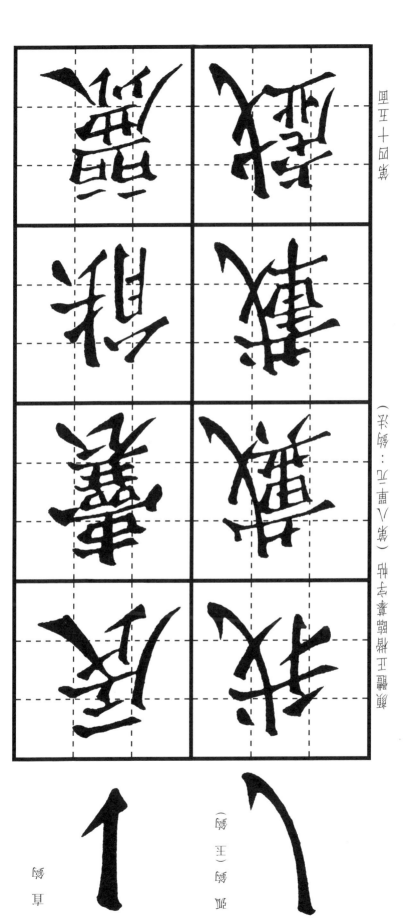

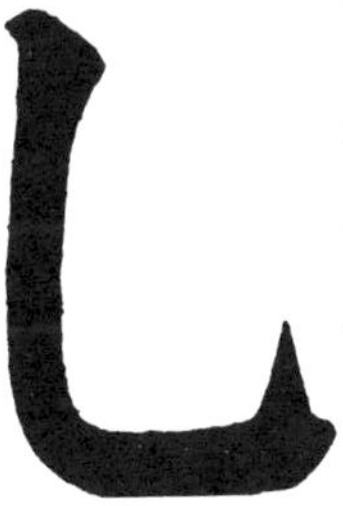

高鈎（浮鵝）

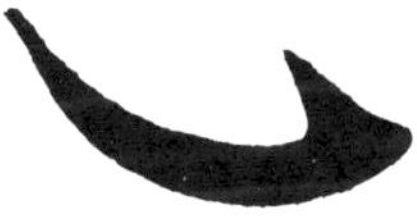

矮鈎（橫戈）

兆 化 札 胤

心 思 息 恩

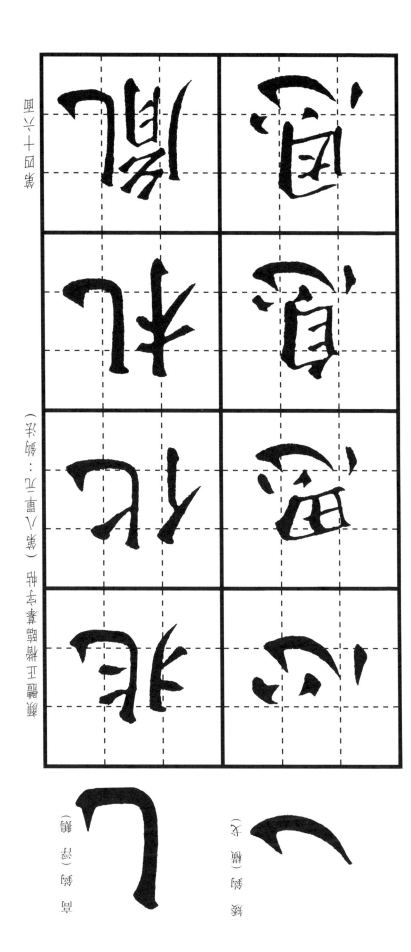

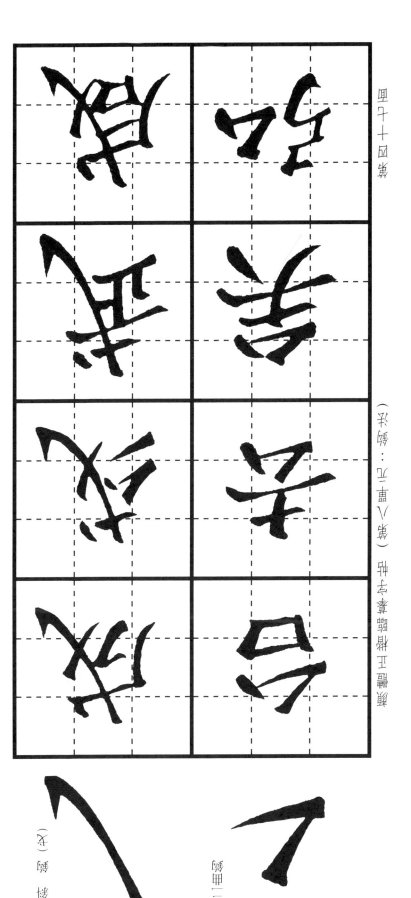

斜鈎（戈）

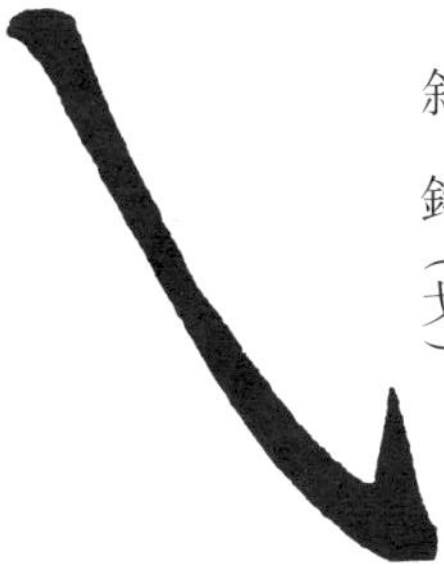

二曲鈎

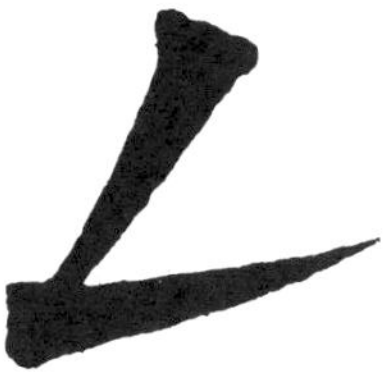

成 戌 武 咸

台 去 矣 弘

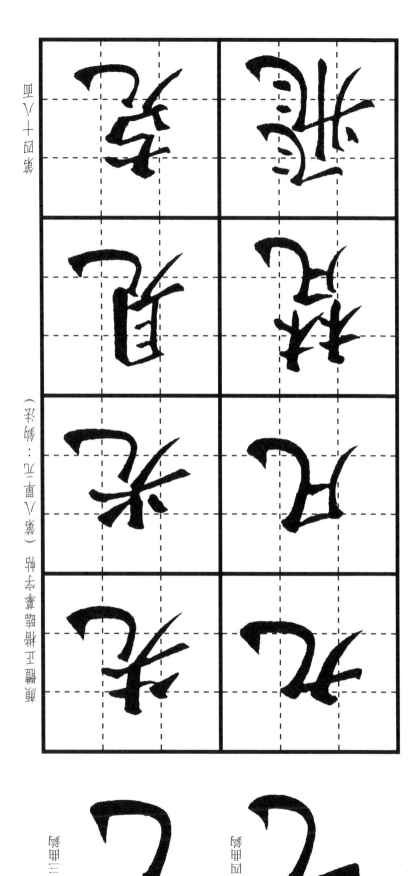

三曲鈎

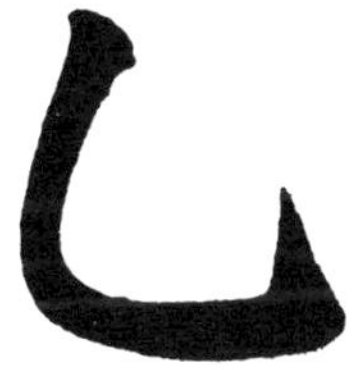

四曲鈎

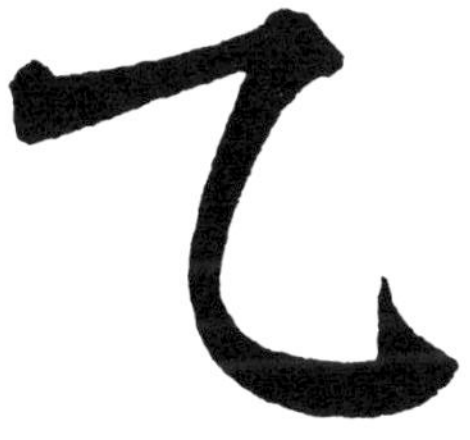

先 光 見 克

九 凡 梵 飛